EBS 다큐프라임

미치도록 보고 싶었던

돈의 얼굴

EBS 돈의 얼굴 제작진, 조현영 지음 / 최상엽 감수

YoungJin.com Y.
영진닷컴

미치도록 보고 싶었던
돈의 얼굴

ISBN 978-89-314-7986-7

독자님의 의견을 받습니다.
이 책을 구입한 독자님은 영진닷컴의 가장 중요한 비평가이자 조언가입니다.
저희 책의 장점과 문제점이 무엇인지, 어떤 책이 출판되기를 바라는지,
책을 더욱 알차게 꾸밀 수 있는 아이디어가 있으면 이메일, 또는 우편으로 연락주시기 바랍니다.
의견을 주실 때에는 책 제목 및 독자님의 성함과 연락처(전화번호나 이메일)를 꼭 남겨주시기 바랍니다.
독자님의 의견에 대해 바로 답변을 드리고, 또 독자님의 의견을 다음 책에 충분히 반영하도록
늘 노력하겠습니다.

파본이나 잘못된 도서는 구입처에서 교환 및 환불해 드립니다.

이메일 | support@youngjin.com
주소 | (우)08512 서울특별시 금천구 디지털로9길 32 갑을그레이트밸리 B동 10층 (주)영진닷컴
등록 | 2007. 4. 27. 제16-4189호

STAFF
저자 EBS 돈의 얼굴 제작진, 조현영 | **감수** 최상엽 | **총괄** 김태경 | **진행** 성민, 최윤정 | **디자인** 임정원 | **편집** 신혜미 | **영업** 박준용, 임용수, 김도현, 이윤철 | **마케팅** 이승희, 김근주, 조민영, 김민지, 김진희, 이현아 | **제작** 황장협 | **인쇄** 제이엠 프린팅

제작진의 글

"돈에게 얼굴이 있다면
어떤 모습일까요?"

우리는 만났던 모든 사람에게 공통의 질문을 던졌습니다. 조금의 망설임 없이 대답하는 사람도 있었고, 한참을 고민하며 단어를 고르던 사람도 있었습니다. 대답에는 그 사람의 많은 것이 들어 있었습니다. 돈에 대한 태도는 물론이고 지나온 인생의 기막힌 사연까지도요.

참으로 많은 사람들을 만났습니다. 저명한 경제 석학부터 가정주부, 개미 투자자까지 직업도 다양했고, 일확천금을 손에 쥔 자, 전 재산을 한꺼번에 날려 버린 사람, 돈을 등진 사람, 돈을 좇는 사람에 이르기까지 처지도 다양했습니다. 애초에 돈과 상관없는 사람이 없었습니다. '돈 앞에서 사람들이 얼마나 솔직해질 수 있을까?'란 걱정이 무색하게도, 사람들은 돈에 얽힌 이야기와 철학을 아낌없이 공유해 주었습니다.

여러분에게 돈은 어떤 얼굴을 하고 있나요?
따뜻하고 친절한 표정인가요, 아니면 냉정하거나 무서운 얼굴인가요?

각자에게 다 다른 얼굴이지만, 돈은 하나의 진짜 얼굴을 가지고 있으리라 생각했습니다. 본질이라고 해도 좋겠습니다. 레바논, 나이지리아, 터키, 싱가포르, 일본, 미국 등 9개 나라에서 돈의 얼굴을 추적했습니다. 책에서 본 경제

이론이 어떻게 전개되고 있는지 현장을 포착하고 싶었습니다. 이 책은 돈의 진짜 얼굴을 찾기 위한 우리의 추적기이기도 합니다. 인플레이션, 금리, 뱅크런 등이 어떤 얼굴을 하고 당신의 곁에 있는지 생각하며 읽어 보시기를 추천합니다.

<다큐프라임-돈의 얼굴>은 경제 '교육' 다큐멘터리입니다만 제작진은 돈에 웃고 우는 사람들의 이야기도 함께 담고자 노력했습니다. 거대한 경제 흐름이 소소한 행복을 찾으며 사는 우리에게 어떤 영향을 미치는지 실감할 수 있길 바랐습니다. 흥미로웠던 것 중 하나는 우리가 돈에 대해 흔히 하는 말들이 실은 기본 경제 개념을 잘 담고 있다는 것이었습니다. "돈은 돌고 돈다"(유동성), "돈을 굴린다"(복리), "돈이 돈을 번다"(투자), "시간은 돈이다"(금리) 등의 말을 다들 한 번은 들어 보셨을 겁니다. 어려워만 보이는 경제 개념들은 이렇게 우리의 일상과 아주 밀접하게 닿아 있습니다. 명목임금과 실질임금이라는 용어는 낯설지 모르지만, '돈은 많아졌는데 살기는 더 팍팍하다'는 것은 느낍니다. 이렇듯 경제 활동을 하는 우리에게는 나도 모르게 일상에서 체득된 경제 개념들이 있습니다. 이 책이 여러분의 일상과 경제 개념들을 연결하고 정리하는 데 도움이 되길 바랍니다.

영상으로 담아냈던 이야기들이 도서화되는 과정은 특별한 경험이었습니다. 프로그램 제작과 책의 출판에 도움을 주신 분들께 감사드립니다. 돈에 대한 생각을 나누어 주신 취재원들에게 진심으로 감사 인사를 전합니다. 2023년 봄부터 시작된 1년 6개월가량의 장기 프로젝트에 참여해 기획과 프로그램 제작, 그리고 도서 감수까지 애써 주신 연세대학교 최상엽 교수님과 기꺼이 프로그램의 페르소나가 되어 주신 배우 염혜란 님에게도 지면을 통해 특별한 감사의 말씀 드립니다. 영상은 생생한 현장을 볼 수 있다는 장점이 있고, 책은 사이사이 독자의 생각을 채워 넣을 수 있다는 장점이 있을 것입니다. 다큐멘터리 <돈의 얼굴>을 보신 분들도, 혹은 책으로 <돈의 얼굴>을 처음 접하신 분들도 돈에 관한 생각을 정리할 기회를 마음껏 누리시길 바랍니다.

감수의 글

이 책은 끊임없이 질문을 던진다.
그리고 그 질문들은 경제학적일 뿐 아니라 존재론적이다.

2년 전 EBS 다큐프라임 『돈의 얼굴』의 제작과 관련하여 처음 자문을 맡게 되었다. 김미란 작가님과 박재영, 이혜진 PD님과의 지속적인 미팅을 통해서 단순히 금융과 경제의 구조를 교과서적으로 설명하는 콘텐츠가 아닌 돈이라는 익숙하고도 낯선 존재를 통해 우리가 사는 사회, 제도, 문화, 그리고 인간의 심리를 재조명하고자 노력하였다. 돈의 얼굴을 찾아가는 과정을 마치 세계여행처럼 시각화하였고, 해당 분야 최고의 석학들과의 인터뷰를 통해 내용의 신뢰성을 높이고자 했다. 이러한 노력의 결과물이 2024년 6부작 다큐멘터리로 방송되었고, 다시 책의 형태로 발간을 앞두고 있다.

이 책은 일반적인 경제학 서적이 아닌, 돈을 매개로 과거와 현재의 세계가 작동하는 방식을 일상의 언어로 풀어낸 여정이라고도 할 수 있다. 따라서 이 책을 감수하는 과정은 즐거움이자 새로운 도전이었다. 평소에 접하는 수학적인 언어와 방법론적인 엄밀함으로 무장한 경제학을 잠시 내려놓고 일상을 살아가며 돈에 울고 웃는 평범한 소시민 월급쟁이로서 경제학을 다시 접하는 경험을 통해 학문으로서의 경제학과 현실 경제의 간극을 깨달을 수 있었다. 이 책의 발간을 통하여 이러한 간극을 조금이라도 메울 수 있기를 희망한다.

가장 먼저 이 책은 돈의 본질은 '신뢰'임을 환기한다. 레바논 은행 인질극 사건은 통화를 둘러싼 신뢰의 붕괴가 어떻게 일상의 질서를 해체할 수 있는지를 상징적으로 보여 준다. 금본위제가 무너진 이후, 우리는 명목화폐의 시대를 살아가고 있다. 이는 국가와 제도, 중앙은행에 대한 신뢰로 지탱되는 구조다. 그러나 코로나 팬데믹 이후 전례 없는 유동성 공급과 자산 시장의 불안정, 그리고 암호화폐의 부상은 기존 통화 시스템에 대한 신뢰가 점차 약화되고 있음을 시사한다. 따라서 '당신은 돈을 믿는가?'라는 질문은 지폐나 숫자에 대한 믿음이 아니라, 그 돈을 뒷받침하는 시스템, 그리고 공동체에 대한 믿음을 묻는 것이다.

이러한 문제의식은 곧 금리라는 구조적 요소로 이어진다. 금리는 단순한 경제지표가 아니라, 시간의 가격으로서 우리 삶의 리듬을 조율하는 보이지 않는 지렛대라 할 수 있다. 저금리 시대, 빚은 기회였고 자산은 부채를 기반으로 증식되었다. 하지만 금리가 빠르게 상승할 때, 그 뒷면이 드러난다. 일본의 사례에서 보듯, 오랜 시간 금리의 의미를 망각한 사회가 물가 상승과 금리 변동에 노출되었을 때 개인의 삶 또한 그 대가를 치른다. 따라서 이자는 누군가에게는 축적의 수단이지만, 또 다른 누군가에게는 파산의 문턱이 된다.

이어지는 논의는 우리가 열심히 일하는데도 '왜 점점 가난해지는가?'라는 실존적 물음으로 확장된다. 명목임금의 상승에도 불구하고 실질임금이 하락하는 현실은 화폐착각이라는 인지적 함정에서 비롯된다. 따라서 인플레이션은 단순한 숫자 이상의 먹고 사는 문제가 된다. 성광테크 직원들이 실질임금을 계산하고 좌절하는 장면은 경제학의 이론이 현실에서 어떻게 체화되는지를 여실히 보여 준다.

이 지점에서 빚은 또 다른 얼굴로 등장한다. '빚은 능력이다', '빚도 자산이다'라는 말은 오늘날 한국 사회의 레버리지에 관한 환상을 보여 준다. 그러나 『돈의 얼굴』은 이 환상의 이면을 들춰낸다. 전 세계적으로 가장 높은 가계부채 비율 나라 중 하나라는 현실 속에서, 많은 사람들이 '영끌' 투자를 감행하고 있다. 문제는 이 빚이 순전히 개인의 탐욕에서 비롯된 것이 아니라, 금융 시스템 자체가 레버리지를 유도하는 방식으로 설계되었다는 점이다. 이러한 구조는 2008년 금융위기에서처럼, 한 개인의 부채가 금융 시스템 전체의 위기로 확산되는 과정을 통해 레버리지의 위험성을 여실히 보여 준다.

이러한 구조적 리스크는 새로운 화폐 형태, 즉 디지털 통화와 암호화폐의 등장으로 연결된다. 나이지리아의 사례처럼, 기존 화폐 시스템에 대한 불신은 블록체인 기반의 탈중앙적 신뢰 구조를 실험하게 만든다. 물론 이 또한 완벽한 대안은 아니다. 암호화폐는 아직 가격 안정성과 제도적 기반에서 한계를 보이고 있으며, 각국 중앙은행이 추진하는 디지털화폐(CBDC)는 기술과 통제권의 갈등 속에 놓여 있다. 결국 중요한 것은 누가 '신뢰받는 돈'을 만들 것인가의 문제다. 따라서 화폐의 미래는 종이냐 블록체인이냐가 아니라, 신뢰의 설계자가 누구인가를 묻는 일이다.

마지막으로 『돈의 얼굴』은 인간의 본성과 감정이 가장 많이 노출되는 영역인 '투자'로 향한다. 투자 리딩방의 광풍은 정보가 아닌 확신을 사고자 하는 사람들의 심리를 반영한다. 손실회피, 자기과신, 확증편향 등 인간의 심리적 편향은 투자의 판단력을 흐리며, 그것이 반복될수록 시장은 더 비합리적인 방향으로 움직인다. 경제학은 '합리적인 인간'을 전제로 하지만, 실제 투자는 그 전제의 허약함을 폭로하는 장이라 할 수 있다. 진정한 투자는 정보를 따르는 것이 아니라, 스스로의 편향을 직면하고 이를 수정해 나가는 과정이라 할 수 있다.

이 책은 끊임없이 질문을 던진다. 그리고 그 질문들은 경제학적일 뿐 아니라 존재론적이다. 그리고 이러한 물음이야말로 경제학의 본질에 가깝다고 생각한다.『돈의 얼굴』은 숫자와 수식, 정책과 제도를 넘어, 돈을 통해 인간을 읽는 여행이라 생각한다. 따라서 이 책은 어렵기만 한 경제학이 다시 우리의 삶 속으로 돌아올 수 있다는 가능성을 보여 준다. 경제학은 본디 인간의 학문이다. 이 책을 읽는 독자들이 경제학을 어렵기만 한 학문이 아닌 우리 삶을 이해하는, 재밌는 도구로써 받아들였으면 좋겠다.

연세대학교 상경대학 경제학부 교수

최상엽

추천의 글

우리는 매일 돈을 사용하지만, 그 돈이 어떻게 만들어지고 어떤 기반 위에서 작동하는지는 종종 잊고 살아갑니다.

『돈의 얼굴』은 우리가 사용하는 화폐가 단순한 종이나 숫자가 아니라, 공동체가 함께 쌓아 올린 제도와 신뢰의 총합임을 흥미롭고도 날카로운 시선으로 풀어낸 책입니다. 화폐는 결국 '신뢰' 위에 세워진 사회적 약속이며, 급변하는 경제 환경 속에서 이 신뢰를 어떻게 지켜갈 것인가 하는 근본적인 질문을 조용히 던집니다.

레바논의 예금인출사태, 가상자산 가격의 급등락, 중앙은행 디지털화폐 실험 등 위기와 신뢰가 교차하는 생생한 사례를 따라가다 보면, 우리가 무심코 간과해 온 중앙은행제도와 통화 금융 시스템이 얼마나 섬세한 균형과 원칙 위에 유지되어 왔는지를 자연스럽게 깨닫게 됩니다.

또한, 금리와 인플레이션이라는 익숙한 지표들이 우리 일상과 삶의 안정에 얼마나 깊이 연결되어 있는지를 되짚어 보게 하며, 무분별한 부채 확대와 이에 기반한 레버리지 투자의 위험성을 돌아보게 함으로써, 스스로의 투자 기준과 경제적 감수성을 성찰할 기회를 제공합니다.

경제학에 익숙하지 않더라도, 돈의 흐름과 경제의 작동 원리를 이해하고 변화하는 경제 환경의 흐름을 읽어 내고자 하는 모든 이들에게 『돈의 얼굴』은 지금 이 시점에 꼭 필요한 통찰을 건네는 의미 있는 여정이 되어 줄 것입니다.

- 김근영(한국은행 박물관장)

현명한 경제 활동은 '돈'을 이해하는 데에서 시작한다. 그러나 '돈'이라는 것이 우리에게 너무나 익숙하지만 무언가 쉽게 다가오지 않는 느낌이다. 그 해답을 이 책, 『돈의 얼굴』에서 찾을 수 있다. 이 책에서는 돈의 역사, 이자, 인플레이션, 부채, 암호화폐, 그리고 투자에 이르기까지 6개의 주제를 다양한 사례와 설명을 통해 마치 다큐멘터리를 직접 보듯 흥미진진하게 '돈'의 이야기에 빠져들게 한다. 모두 읽고 나면 '돈'의 본질인 '신뢰'가 무엇인지에 대해 한층 더 깊이 있는 이해를 할 수 있게 해 준다. 경제 공부, 투자의 부담 없는 첫걸음을 위해 『돈의 얼굴』을 필독서로서 추천한다.

- 오건영(글로벌 경제 전문가, 『환율의 대전환』 저자)

현대인이 돈과 금융을 제대로 이해하고 활용할 수 있으려면 금리와 부채, 인플레이션이 작동하는 원리 정도는 알아야 한다. '금리는 왜 오르고 내릴까?', '인플레이션은 내 삶에 어떤 영향을 미칠까?', '대출과 부채는 어떻게 작동할까?' 등의 물음에 답할 수 있어야 한다는 말이다.

이 책 『돈의 얼굴』은 EBS 다큐멘터리 『돈의 얼굴』이 다룬 생생한 사례와 설명을 바탕으로 화폐의 기원부터 시작해서 금리의 작동 원리, 인플레이션의 역사, 부채의 구조에다 암호화폐의 미래와 투자 전략에 이르기까지 다양하고 복잡한 이야기를 체계적으로 정리해, 누구나 이해할 수 있도록 쉽고 흥미롭게 풀어냈다. 구슬이 서 말이라도 꿰어야 보배라 했다. 이 책은 단순한 정보 나열을 넘어 돈이 시장에서 어떻게 작동하고 그 구조 속에서 경제가 어떻게 움직이는지를 입체적으로 보여 준다. 정보는 넘치지만 바른 길을 찾기 어려운 시대, 합리적 선택과 현명한 투자를 위해 금융과 경제 이해를 깊이 하려는 독자에게 친절한 길잡이가 되어 줄 책이다.

- 곽해선(경제교육연구소 소장, 『경제기사 궁금증 300문 300답』 저자)

우리가 지금 겪고 있는 모든 경제 문제의 근원은 돈을 제대로 이해하지 못하는 것에서 비롯되었다. 인간의 땀과 눈물 그리고 욕망이 뒤섞인 결정체 돈. 그 돈이 지배하는 게임의 법칙을 알고 싶다면, 지금 바로 『돈의 얼굴』과 마주하라. 가장 비현실적인 것이 지금의 현실이 되어 버린 세상, 『돈의 얼굴』은 그런 세상을 움직이는 돈에 관한 수많은 질문 앞에 가장 명쾌한 언어로 답을 채워 준다. 단언컨대 이보다 쉽고 재밌고 풍성한 통찰력을 채워 주는 책은 드물다. 당신도 단숨에 읽히는 신기한 몰입감을 경험하게 될 것이다.

- 김경필(머니트레이너, 『딱 1억만 모읍시다』 저자)

자산을 쌓는 동안엔 늘 숫자만 바라봤다. 수익률, 시세, 자산총액 같은 숫자들에 매몰되어, 정작 돈이 어떻게 움직이고 왜 그렇게 작동하는지를 놓치고 있었다. 『돈의 얼굴』은 그런 나에게 돈이라는 존재를 처음부터 다시 생각하게 만든 책이다. 돌이켜 보면, 과거의 나에게 '돈'은 그저 핸드폰 어플이나 인터넷 화면 속 숫자들의 조합에 불과했다. 하지만 이제는 알게 되었다. 돈은 인생과 밀접하게 얽혀 있으면서도, 동시에 복잡하고 멀게만 느껴지는 존재였다는 걸. 이 책을 통해 나는 그 본질에 한 발 더 가까워졌음을 느꼈다. 돈은 단순한 교환 수단이 아니라, 신뢰와 시스템, 사람들의 심리와 기대, 감정까지 얽힌 복잡한 구조물이라는 점을 이 책은 집요하게 짚어 낸다. 돈을 잘 다루고 싶다면, 먼저 돈을 이해해야 한다. 『돈의 얼굴』은 그 출발점이 되어 준다. 단순한 재테크를 넘어, 돈과 세상을 보는 시야를 넓히고 싶은 사람에게 꼭 권하고 싶다.

- 주언규(온라인콘텐츠창작자, 『슈퍼노멀』 저자)

차례

2부 / 이자 굴려드립니다

3부 / 인플레이션의 정체

4부 / 빚 갚고 계십니까?

5부 / 돈의 또 다른 얼굴, 암호화폐

6부 / 투자, 왜 하시나요?

1부

돈의 탄생, 그리고 흐름

"'돈'이라고 하면
많은 사람들이
서로 사슬처럼 연결되어
춤을 추는 모습이 떠오른다.
그 춤은
때론 격해지기도 하고
때로는
폭삭 주저앉기도 한다."

폴 터커 / 하버드대학교 케네디스쿨 교수

당신의 돈은 지금, 어디에 있는가?

2022년 9월, 레바논의 수도 베이루트에 있는 블롬 은행을 한 여자가 습격했다.

> "제 이름은 살리 하피즈입니다. 저는 오늘 병원에서 죽어 가고 있는 제 여동생의 돈을 되찾으러 왔습니다. 우리는 이전에도 찾아와서 빌었습니다. 이건 우리가 훔친 돈이 아니라 우리의 모든 걸 바쳐 일해서 번 돈입니다."

건실하게 살아온 인테리어 디자이너 살리 하피즈(28세)가 총을 들고 은행을 습격한 것이다. 그녀의 요구는 예금 1만 3,000달러(약 1,800만 원)를 인출해 달라는 것. 여동생의 병원비를 내기 위해 돈이 필요했지만, 돈을 인출할 수 없자 총을 들고 은행을 습격한 것이다.

은행에 저축한 내 돈을 찾을 수가 없어서 총을 들고 습격하다니, 대체 무슨 말일까? 범죄자와는 거리가 먼 평범한 시민인 그녀는 대체 왜 '은행 강도'가 되었고, 어떤 이유로 자신의 통장에 있는 2만 달러를 인출할 수 없었던 것일까?

이 긴 이야기는 여기에서부터 시작된다. 우리가 돈에 대해 알고 있고, 당연하다고 생각했던 상식들은 상식이 아닐 수 있다. 당신의 돈은 안전하지 못할 수도, 심지어 아주 위험한 상황일 수도 있다. 당신의 돈은 지금 어디에 있으며, 그것은 과연 안전할까?

01 돈의 정체
도대체 돈이 뭐기에

지금 당신의 지갑에는 얼마가 들어 있는가? 당신의 통장에는 얼마의 자산이 있으며, 오늘 하루 당신은 얼마의 돈을 사용했는가? 어쩌면 하루 종일 실제 돈을 한 번도 보지 못한 날도 있을 것이다.

그렇다. 우리는 돈을 매일 사용하면서도 정작 돈의 진짜 얼굴을 알지 못하는지도 모른다. 돈의 '진짜' 얼굴을 마주한 적이 없기 때문이다. 내 돈은 어디에서 와서 어디로 흘러가며, 그 종착점은 어디일까? 당신이 벌기 위해 그렇게나 많은 시간과 애를 쓰는 '돈'의 정체에 대해 당신은 얼마나 알고 있는가?

돈은 무엇일까?

위대한 도시 문명을 이루었고 '드라크마'라는 화폐를 사용했던 고대 그리스의 철학자 아리스토텔레스는 돈에 대해 다음과 같이 말한다.

"돈은 인간의 필요를 채우기 위해 만들어졌을 뿐,
목적 그 자체는 아니다."

아리스토텔레스

돈은 살아가는 데 꼭 필요하고 인간의 욕망을 채워 주는 수단이기도 하지만, 돈을 좇지는 말라는 얘기다. 무려 2000년도 넘는 과거로부터 도착한 이 경고는 시간이 흘러 현대에 이르기까지 그 의미가 더해졌으면 더해졌지 약해지지는 않았다.

"돈은 좋은 하인이지만 나쁜 주인이다."

프랜시스 베이컨

"돈은 자신이 하고 싶은 것을 할 자유를 준다.
하지만 돈을 숭배하면 그것이 당신의 주인이 된다."

워런 버핏

세계의 수많은 석학들이 돈을 현명하게 관리하고, 돈에게 주인의 자리를 내어 주지 말라고 끊임없이 경고한다. 심지어 물리학자 알베르트 아인슈타인은 이렇게 단언했다.

"돈을 좇는 사람이 행복해지리라 기대하지 말라."

알베르트 아인슈타인

그러나 〈돈의 얼굴〉 제작진이 만난 세계 곳곳의 사람들은 누구보다도 돈을 사랑했다. 혹자는 돈을 일컬어 "할리우드 스타 킴 카다시안처럼 아름답다"고 표현하기도 하고, "돈은 모든 것 중 최우선 순위에 있다"라고 극찬하기도 했다.

이렇듯 긍정적인 평가부터 극찬에 가까운 표현까지 하는 이들도 있는가 하면 부정적인 평가도 많았다. "나를 속이는 까다로운 나르시시스트"라 혹평하기도 하고, "아무것도 아니다"라고 존재를 부정하기도 했으며, "추한 것"이라 단언하기도 했다.

사람들은 왜 저마다 돈을 다르게 느끼는 것일까? 당신에게 돈이란 무엇인가?

당신에게 돈이란?

"돈"

사물의 가치를 나타내며, 상품의 교환을 매개하고,

재산 축적의 대상으로도 사용하는 물건

돈의 사전적 정의이다. 돈은 단순히 물건과 물건을 교환하는 매개체를 넘어서, 경제적 가치를 저장하는 수단으로써 재산 증식의 기회를 제공하고, 물건의 가치를 매기는 기준이 되어 가격을 형성하기도 한다. 하지만 이러한 사전적 설명만으로는 돈의 정체를 온전히 드러내지는 못한다. 그 누구도 완벽하게 정의 내리지 못하고, 그 누구도 그 속내를 속속들이 알지 못하는 '돈'이라는 요물(妖物). 우리의 삶을 좌지우지하고 때론 국운을, 때론 세계의 운명을 결정짓기도 하는 돈.

우리는 '돈'에 대해 알고 싶다. 세상을 뒤흔드는 이 요괴는 대체 어디에서 탄생했고, 어떻게 성장했으며, 언제부터 이런 무시무시한 파괴력을 갖게 되었는지를 말이다. 재화와 서비스를 얻는 매개물에서 어떻게 스스로 이렇게 자유로워졌는지, 어떻게 그렇게 훨훨 날아다니며 인간을 쏘고 파괴하며 때론 달콤함에 취하게 하는지, 돈에 대한 모든 것이 궁금하다.

이제는 통장 속 숫자를 넘어 디지털 코드로 변신해 더더욱 자신의 민낯을 감추는 돈의 진짜 얼굴을 만나 보자. 미처 인식하지 못했던 '돈'과 '나' 사이의 신뢰 지수도 확인해 볼 겸 말이다.

02 예금인출사태 돈을 믿나요?

여러분이 돈을 철석같이 믿고 있다면, 레바논의 인테리어 디자이너 살리 하피즈의 이야기를 다시 떠올려 보자. 동생이 병원에서 죽어가는데도 자기 돈을 은행에서 인출할 수 없는 이 평범한 소시민의 이야기 말이다.

더 심각한 문제는 이러한 평범한 시민들이 은행 강도가 되는 일이 레바논에서는 하루이틀 벌어지는 사건이 아니라는 점이다. 살리 하피즈의 이야기는 단지 하나의 예에 불과하다. 2019년 이후 레바논에서는 시민들이 은행을 점거하고, 은행과 대치하며 시위를 벌이는 일이 빈번하게 발생하고 있다. 절망에 빠진 레바논 예금자들은 은행 출입문의 유리를 부수고, 은행 앞에 타이어를 쌓아 불을 지르는 등 격렬한 행동을 이어 가고 있다.

5천여 년의 역사를 자랑하는 지중해 연안의 작은 국가인 레바논은 1948년 이스라엘 건국 이후 크고 작은 전쟁이 끊이지 않았고, 1975년부터 무려 15년간 이어진 내전을 겪는 등 혹독한 역사를 안고 있다. 이러한 오랜 세월에 걸친 정치적 혼란에 더해 경제 위기까지 겹치면서, 상황은 더욱 악화되었다. 2023년 기준, 레바논 국민들은 매달 200~400달러(약 27만~55만 원)밖에 인출할 수 없다. 이는 생필품을 겨우 살 수 있는 수준에 불과하다.

그러자 내 돈을 잃을지도 모른다는 우려에 시민들이 은행을 공격하는 사태가 벌어지기 시작했다. 2023년에는 수도 베이루트 중심에 위치한 6곳의 은행이 동시에 시민들의 공격을 받는 일이 발생했으며, 이는 결국 예금인출사태(뱅크런)● 로 이어졌다.

흔히 '뱅크런'이라고 불리는 예금인출사태는 쉽게 말해 은행이 파산해 자신의 돈을 모두 잃을 것을 우려한 예금자들이 대규모로 돈을 인출하는 현상을 말한다. 가장 쉽게 떠올릴 수 있는 예금인출사태의 대표적인 예가 바로 '세계 대공황' 시기이다. 1920년대 후반, 과잉투자로 인해 미국 경제가 무너지자 미국은 유럽에 대한 투자를 중단했고, 유럽의 은행들도 자금 부족으로 인해 파산 위기에 처하면서 줄줄이 예금인출사태를 겪었다.

예금인출사태는 과거에만 있었던 일이 아니라 21세기에도 계속되고 있으

● **예금인출사태(뱅크런, Bank run)**
은행이 지급 능력에 대한 신뢰를 잃고, 많은 예금자가 동시에 대규모로 예금을 인출하려는 현상

며, 실제로 2015년 그리스가 국가 부도 위기에 직면했을 때 국민들이 앞다투어 은행에 맡긴 현금을 대거 인출하는 사태가 발생했다. 일부 현금인출기는 하루 만에 현금이 바닥났고, 인터넷 뱅킹이 중단되는 사태까지 벌어졌다.

이러한 예금인출사태는 거리가 아닌 인터넷상에서도 일어난 바가 있다. 2023년 미국의 실리콘밸리은행(SVB) 사태는 디지털 뱅크런의 대표적인 예로, 스타트업 고객들이 SNS와 메신저를 통해 빠르게 위기 정보를 공유하며 불과 이틀 만에 수십조 원 규모의 예금이 인출됐다. 클릭 몇 번으로 벌어진 사상 초유의 속도전은 전통 금융 시스템의 불안 요소를 적나라하게 드러냈다.

세계 대공황 시기에 아메리칸 유니언 은행 앞에 모인 시민들

예금인출사태는 결코 먼 나라만의 이야기도 아니다. 1997년 IMF 외환 위기 당시, 우리나라도 예금인출사태를 경험한 적이 있다. 외화 부족과 기업 부실 등으로 경제적 불안정성이 커지자, 사람들은 은행의 안정성을 의심했고 결국 대규모 예금인출사태로 이어진 것이다.

그렇다면 대체 왜 이러한 사태가 벌어지는 걸까? 은행에 예금되어 있는 내 돈은 과연 안전한 것일까?

03 돈의 가치
유동성이 뭔가요?

당신의 돈은 어느 은행에 저금되어 있는가? 은행이란 대체 어떤 곳이기에 우리가 이렇게 철석같이 믿고 우리의 돈을 맡겨 두는 걸까? 한 번이라도 은행에 대해 의심해 보거나 불안해한 적이 있나? 있었다면 언제였나?

은행은 무엇이고, 또 어떤 역할을 하는 곳일까? 은행은 크게 시중은행과 중앙은행으로 나뉘는데 우리나라의 경우 시중은행은 여러분이 실제로 거래하는 은행들이고, 중앙은행은 한국은행이다.

구분	중앙은행	시중은행
주요 역할	국가의 통화 정책 수립 및 금융 안정 유지	개인 및 기업 대상 예금, 대출 등 금융 서비스 제공
설립 목적	공공 목적(국가 경제 안정 및 정책 수행)	영리 목적(이윤 추구)
고객 대상	정부, 금융기관 등	일반 개인, 기업
화폐 발행	○(법정 화폐 독점 발행권 보유)	×
예금 수취	금융기관의 지급준비금 등	일반 고객의 예금 수취
대출 기능	금융기관 대상 최종 대부자 역할	고객 대상 대출(개인 대출, 기업 대출 등)
금리 통제	기준금리 결정 등 통화 정책 도구 사용	중앙은행의 금리에 따라 대출·예금 금리 조정
감독 기능	금융 시스템 안정화, 금융기관 감독 및 규제	관련 법령 내에서 업무 수행
외환 관리	외환보유고 관리 및 환율 안정	외환거래 가능하나 환율 정책 결정은 중앙은행 역할
예시 기관	한국은행, 미국 연방준비제도(Fed), 유럽중앙은행(ECB)	국민은행, 신한은행, 우리은행 등

시중은행만으로도 충분할 것 같은데, 중앙은행은 왜 필요한 것일까? 중앙은행이 무슨 일을 하는지 간단하게 주요 역할을 네 가지로 요약해 보자.

첫 번째, 화폐를 발행해 화폐의 신뢰를 유지한다.

두 번째, 금리를 조정해 물가 상승과 경기 침체에 대응한다.

세 번째, 환율을 안정시키고 외환보유고를 관리한다.

네 번째, 시중은행을 규제하고 감독한다.

즉, 경제 위기가 발생해 시중은행이 어려움에 부닥치면 중앙은행이 도움을 제공하는 구조이다. 레바논 중앙은행 역시 시중은행을 관리하고 환율을 안정시키기 위해 노력했을 것이다. 그런데 왜 이러한 위기에 처하게 된 것일까?

때는 2014년으로 거슬러 올라간다. 오랜 세월 이스라엘과 국경 분쟁을 겪어온 레바논은 2014년 이후 대통령 선출에 실패하며 2년 넘게 국가 최고 권력자 자리가 공석이었다. 2016년 취임한 군사령관 출신의 미셸 아운 대통령은 국민의 기대와는 달리 부패와 무능으로 레바논을 위기에 빠뜨렸고, 설상가상 2020년에 수도 베이루트의 항구에서 대형 폭발 사고가 일어나면서 레바논의 위기는 돌이킬 수 없는 지경으로 치닫게 된다.

이후 레바논은 화폐 가치가 2년여 사이에 90% 이상 폭락하며 연료와 의약품 수입이 어려워졌고, 국민들은 생필품조차 구하기 어려운 상황에 놓였다. 이런 불안 속에서 예금인출사태까지 겪게 된 것이다. 하지만 국가가 경제적 어려움을 겪는다고 해도, 예금자가 원할 때 은행이 돈을 내어 주는 일은 당연한 일 아닌가? 이 당연하다고 여겨온 일이 대체 왜 어려워지는 걸까?

前 레바논 은행감독위원회 의장 사미르 하무드는 자국의 예금인출사태의 원인에 대해 다음과 같이 이야기한다.

> "시중은행은 예금자들을 위해서 늘 유동성을 갖추고 있어야 하는데, 중앙은행에 부족한 돈을 요청하면서부터 위기가 시작되었어요.
> 그런데 중앙은행도 자금이 부족해지자 예금자들이 자신의 예금을 찾으려고 몰려들었고, 결과적으로 시중은행의 유동성 부족이 위기의 핵심 원인이 되었습니다."

사미르 하무드 의장은 은행의 유동성이 부족해서 예금인출사태가 일어났다고 설명한다. 그렇다면 여기서 말하는 유동성•이란 무엇일까?

스탠퍼드대학교 경영대학원 재무학과 교수 대럴 더피는 유동성에 대해 다음과 같이 이야기한다.

"유동성은 돈을 매우 쉽고 빠르며 안전하게 상품과 서비스로 전환할 수 있음을 의미합니다."

그의 말은 '돈이 다른 재화로 전환될 수 있는 정도'로 설명이 가능하다. 펜실베이니아대학교 와튼스쿨 교수 이타이 골드스타인의 이야기를 들어보면 좀 더 쉽게 이해할 수 있다.

"유동성이란 얼마나 쉽게 거래할 수 있는지, 돈을 얼마나 쉽게 인출할 수 있는지를 의미합니다. 사람들은 자신의 돈을 언제든 자유롭게 입출금할 수 있는지 알고 싶어 하고, 돈의 소유권을 지키고 싶어 하죠."

쉽게 말해 유동성은 '내 돈을 언제든 인출할 수 있는 안전함의 정도'라고 할 수 있다. 즉, 유동성이 높다는 것은 내가 원하면 내 돈을 언제든 쉽게 인출할 수 있다는 것이고, 반대로 유동성이 낮다는 것은 내가 인출하고 싶어도 마음대로 인출할 수 없다는 얘기다.

• **유동성(Liquidity)**
자산이나 자금을 필요한 시기에 손실 없이 빠르게 현금으로 전환할 수 있는 정도

레바논의 유동성이 낮아진 이유에 대해서는, 베이루트에 위치한 아메리칸대학교 교수 모하마드 파우르의 일상적인 '환전 습관'에서 그 힌트를 찾을 수 있다. 레바논의 화폐 파운드를 현지 사람들은 '리라'라고 부르는데 그가 평가하는 리라의 가치는 충격적이었다.

"아직 레바논 화폐가 존재하지만, 이제는 화폐가 가져야 할 두 가지 기준을 충족하지 못하고 있어요. 더 이상 가치 저장 수단도 아니고, 교환 수단도 아니죠. 돈은 내가 뭔가를 살 수 있을지에 대해 어느 정도 안정성을 줄 수 있어야 합니다."

불안정한 화폐 가치 탓에 그는 달러를 안정적으로 보유하고 자국 화폐로는 자주, 조금씩 환전해서 사용하고 있다.

"2~3일에 한 번씩 달러를 리라로 환전해요. 화폐 가치가 안정적이지 않기 때문에, 2~3일 정도 사용할 돈을 먼저 환전하고 그 이후에 다시 환전하는 게 좋을 것 같아서요."

즉, 자국 화폐를 2~3일에 한 번씩 환전해서 써야 할 정도로 리라의 가치가 안정적이지 않다는 이야기다. 그도 그럴 것이 2025년 3월 기준 리라 환율은 1달러당 90,000리라인데, 2019년 레바논 경제 위기 시작 당시 1달러당 3,200리라였던 것과 비교하면 약 30배 가까이 폭등한 것이다.

쉽게 말해, 예금자에게 1달러를 내어 주기 위해 2019년에는 3,200리라가 필요했으나, 2025년에는 90,000리라가 필요해졌다는 뜻이다. 자연히 은행들은 리라가 부족해졌고, 급기야 인출을 제한하는 초유의 사태가 발

레바논의 시위 현장

생했다. 이 상황이 바로 '유동성 위기'이다.

이러한 위기가 발생하면 예금자들은 자신의 재산을 지키기 위해 예금을 전부 인출하려고 하는데, 이것이 '예금인출사태'이다. 다시 말해, 유동성 위기는 궁극적으로 예금인출사태를 초래한다.

앞서 소개한 살리 하피즈는 1만 3,000달러를 인출하지 못해 강도가 되었지만, 그보다 훨씬 더 큰 금액을 찾지 못하는 이들도 허다하다. 레바논 '예금자들의 외침' 협회 대변인 이브라힘 압달라는 자신의 예금 100만 달러(약 14억 원)를 인출할 수 없다는 사실을 알고 절망했다. 결국 그는 시위에 나서기 시작했다.

처음에는 평화적인 시위였다. 하지만 시간이 지날수록 상황은 악화되었다. 은행들이 여전히 돈을 내어 주지 않자, 예금자들은 점차 폭력적인 행동에 나섰다. 그들의 분노는 단지 돈 자체를 향한 것이 아니었다. 그것은 오랜 시간 일하고, 모으고, 지켜온 자신의 삶이 하루아침에 무너졌다는 데서 비롯된 분노였다. 일부 예금자들은 은행에 대해 복수심을 품기 시작했고, 믿었던 돈에게 배신당했다는 감정은 끝내 폭력적인 행동으로 이어졌다. 결국, 고작 얇은 종잇조각에 불과한 돈에 인생이 걸린 것이다.

왜 이렇게 되었을까? 값진 물건이 넘쳐나는 시대에, 돈은 얇은 종잇조각에 불과한데 말이다. 실제로 세계적인 경제 석학들조차 '돈'이라는 이 종잇조각이 왜 이렇게 큰 힘을 가지는가에 의문을 품는다.

"돈은 어려워요. 지금 일어나고 있는 문제 중 최종 해결이 가장 어려운 게 돈 문제입니다. 가만히 보면 1만 엔이라고 해도 그저 종이일 뿐이거든요."

가네코 마사루(게이오대학교 경제학과 명예교수)

"제가 종이 한 장을 당신에게 지불하면 그것이 가치가 있다는 걸 어떻게 알 수 있죠?"

앤드루 레빈(다트머스대학교 경제학과 교수)

"종이 지폐를 생각해 보세요. 어떻게 종이 한 장이 수백, 수천 달러의 가치를 지닐 수 있는 걸까요?"

폴 로머(2018년 노벨경제학상 수상자)

결국 돈이란, 실체보다 사람들의 신뢰와 약속에 의해 작동하는 상징적 존재다. 그 신뢰가 무너졌을 때, 단순한 종이 한 장이 누군가의 삶을 무너뜨릴 수 있다는 사실이 우리를 두렵게 만든다.

우리는 어쩌다가 이 한낱 종잇조각에 인생을 걸게 되었을까? 이 종잇조각은 어떻게 탄생하게 되었으며, 이전에는 어떤 형태였을까?

04 화폐의 등장
초기 돈의 얼굴

처음부터 돈이 종잇조각이었던 것은 아니었다. 돈이 존재하지 않던 시절, 사람들은 물물교환을 통해 필요한 재화들을 충당했다. 이 기간은 인류가 화폐를 사용한 기간보다 훨씬 길었다. 물물교환은 인류의 삶을 풍요롭게 만들었지만, 그에 못지않게 불편함 또한 안겨 주었다.

오랜 세월 물물교환을 하면서 사람들은 중요한 사실을 깨닫게 된다. 대다수 사람이 선호하는 물건을 가지고 있어야 자신이 원하는 물건과 교환할 수 있는 확률이 높아진다는 것이었다. 그래서 사람들은 수많은 물건 가운데 교환이 빈번하고 선호도가 높은 물건을 기준으로 하여, 다른 물건들의 가치를 매기기 시작했다. 이 개념이 '일반 등가물'이다. 일정 지역 안에서 사람들은 상대적으로 더 많이 선호되고 주목받는 물건을 '일반 등가물'로 삼아 다른 모든 상품과 직접 교환할 수 있도록 했고, 그 결과 물물교환은 점차 일반 등가물을 매개로 하는 상품 교환 구조로 바뀌어 갔다.

바로 이 지점에서 화폐가 탄생한다. 인류는 고정적으로 '일반 등가물'의 역할을 할 존재가 필요했다. 그것이 바로 화폐였다. 다트머스대학교 경제학과 교수 앤드루 레빈은 농부와 방앗간 주인의 관계를 예로 들어 화폐가 탄생하는 과정을 설명한다.

> "당신은 농부이고, 방앗간 주인에게 서비스를 받고자 합니다. 방앗간 주인은 당신의 밀을 가공한 후 그 대가로 밀가루 10%를 받는 걸로 협의할 수 있어요.
> 그런데 방앗간 주인이 이렇게 말합니다. '저는 밀로 밀가루를 만드는 작업을 기꺼이 하겠습니다. 그런데 저한테 주실 다른 건 없나요?'"

화폐가 존재하지 않던 시절 사람들은 품앗이와 물물교환을 통해 필요한 서비스와 재화를 충당했지만, 사회가 복잡해지고 필요한 재화와 서비스가 다양해지면서 품앗이만으로는 이를 해결할 수 없었고, 화폐의 필요성이 대두되기 시작했다. 앤드루 레빈 박사의 말을 계속 들어 보자.

> "농부가 이렇게 말합니다. '그렇다면 제 아들이 당신 과수원에 가서 사과 따는 걸 도우면 어떨까요?'
> 그러나 방앗간 주인은 이렇게 말할 수도 있겠죠. '아뇨, 제 사과는 제가 딸게요.'
> 그러면 방앗간 주인의 서비스에 대가를 지불하는 게 복잡해지는 겁니다."

이처럼 서로를 100% 만족시킬 수 있는 품앗이도, 물물교환도 없기 때문에 세상에는 '화폐'라고 불리는 교환의 매개물이 탄생하게 되었다. 화폐를 사용함으로써 재화와 서비스를 좀 더 편리하고 안정적으로 구매할 수 있게 된 것이다. 초기 화폐가 될 수 있는 요건은 두 가지였다.

첫 번째, 가치의 저장 수단이 되어야 한다.

두 번째, 교환의 매개로써 편리해야 한다.

앤드루 레빈 박사는 저장 수단으로써의 가치만큼이나 사용의 편리성을 강조한다.

"좋은 화폐를 만드는 것은 뭘까요? 하나는 가치의 저장 수단이어야 하며, 다른 하나는 사용이 편리하고 간편해야 한다는 겁니다. 그래야 사람들이 결제하고 구매하는 데에 화폐를 기꺼이 쓰고 싶어 하죠."

그렇다면 옛날에는 어떤 것들을 화폐로 사용했을까? 물물교환이 이루어지던 고대 사회에는 휴대하기 편하고, 썩지 않는 조그마한 물품인 '쌀, 소금, 옷감, 금, 은, 철, 조개' 등이 화폐 역할을 대신했다. 이들 모두 가치 저장이 가능하고, 교환이 수월했기에 화폐의 역사에 남을 수 있었다.

특히 조개는 오늘날 돈과 관련된 한자어에 '조개 패(貝)'를 사용할 정도로 오랫동안 사랑받았던 화폐였다. 조개는 금처럼 귀했다는 소금을 비롯하여 가죽, 옷감, 동물의 뼈와 함께 당시 대표적인 화폐 역할을 했으며, 특히 조개껍질은 외양의 화려함과 견고성 때문에 기원전 3천 년경부터 화폐로 사용되었다. 이것들이 비교적 예측 가능한 옛 화폐들이라면, 이와는 전혀 다른, 상상하기 어려운 화폐들도 있었다.

차(茶)도 화폐로 쓰였다?

중국 중부에 위치한 후베이성의 차 제조 공장에서는 지금도 전통 방식으로 차를 재배한다. 이 지역에서는 갓 딴 흑차 찻잎을 찌고 이것을 가루로 만든 다음 벽돌 모양을 낸다. '전차(磚茶)'라고 부르는 벽돌 모양의 차(茶)인 것이다.

오늘날에도 전차를 벽돌처럼 단단하게 제작하는 이유는, 그 기원이 과거 몽골과 북방 민족들의 물물교환 화폐 역할에 있기 때문이다. 양고기,

물물교환 화폐로 사용되던 전차

양털, 모피, 낙타 등은 몽골 유목민의 주요 거래 품목이었고, 이들은 이를 전차와 직접 교환하곤 했다. 전차는 장기 보관이 가능하고, 형태와 무게가 일정했기 때문에 가치 저장 수단으로도, 교환의 매개로도 이상적이었다.

실제로 몽골에서는 전차 12~15개가 양 한 마리와, 티베트에서는 전차 120~150개가 낙타 한 마리와 거래되었을 만큼, 전차는 실질적인 화폐로 기능했던 것이다.

우리나라 최초의 화폐

그렇다면 우리나라 최초의 화폐는 무엇이었을까? 정설에 따르면 우리나라 최초의 법정 화폐이자 현재까지도 실물이 남아 있는 화폐는 고려 성종 대에 제조된 것으로 추정되는 '건원중보'이다. 이는 중국 당나라 화폐인 '건원중보'를 본떠 만든 것으로, 앞면에는 건(乾)·원(元)·중(重)·보(寶) 네 글자를 새기고 뒷면에는 우리나라를 의미하는 '동국(東國)'이라는 글자를 위아래로 표시해 중국의 주화와 구별했다.

하지만 당시 고려 사회에서는 곡물과 포화(삼베, 무명, 모시, 면주 등 물품화폐로 쓰인 직물을 통틀어 일컫는 말)를 더 활발히 사용하였기 때문에 건원중보는 차나 술, 음식을 파는 관영 음식점에서 주로 사용되었을 뿐, 널리 유통되지는 못했다. 이처럼 건원중보는 존재했지만, 사람들이 그 가치를 '믿지 않았기' 때문에 화폐로서의 기능을 온전히 수행하지 못했다.

건원중보

출처 : 한국은행 화폐박물관

이 사례는 '신뢰 없는 화폐는 유통되지 않는다'는 사실을 잘 보여 준다.

반대로, 옛사람들이 자신의 화폐를 화폐로 받아들일 수 있었던 것은 지금의 우리처럼 자신들의 화폐를 '믿었기' 때문이었다. 실제로 옛 화폐는 그 자체로 가치를 지닌 것들이 많았다. 대표적인 금속 화폐인 금은 시대마다 가격이 달랐기 때문에 금의 실질가치만큼만 녹여서 화폐로 만들었으며, 중국에서 화폐로 많이 썼던 은도 마찬가지였다.

하지만 금과 은은 무한정 생산되지 않았다. 금과 은이 부족해지자 어느 순간부터 납이나 구리를 섞어 화폐를 만들기 시작했다. 다른 금속들이 섞였기 때문에 가치가 떨어졌다고 생각할 수 있지만, 그렇지 않았다. 기존 화폐와 모양새를 같게 만들었고 국가(왕과 영주)가 보증해 주었기 때문에 가치 역시 같았다. 보증해 준다는 건 '믿을 수 있다', '신뢰할 수 있다'는 것이었고, 이는 화폐의 핵심 조건이기도 했다.

그러나 금, 은, 구리, 납 등 모든 금속은 총량이 정해져 있기에 통화량에는 늘 한계가 있었다. 사람들은 금처럼 신뢰할 수 있으면서도, '총량의 한정성'이라는 한계를 뛰어넘을 수 있는 화폐가 필요했다. 그 답이 바로 종이돈, 즉 지폐였고 인류는 그렇게 지폐의 필요성을 깨닫기 시작했다.

05 지폐의 탄생 종잇조각, 돈이 되다

13세기, 지구의 어느 한편에서는 이미 '종이로 된 돈'이 실제 경제 시스템을 움직이고 있었다. 마르코 폴로는 그의 기행문 「동방견문록」에서 당시의 지폐 사용 실태에 대해 이렇게 기록하고 있다.

> "지폐가 망가지면 수수료를 떼고 새 지폐로 교환해 주거나, 급하게 금과 은이 필요하면 조폐창에 가서 바꾸면 되고, 또한 군대는 이 지폐로 군향미까지 받았다."

마르코 폴로는 13세기, 베네치아 상인인 숙부를 따라 현재의 중국과 아시아 전역을 여행하며 그 여정을 「동방견문록」에 남겼다. 책에서 마르코 폴로는 지폐를 마법처럼 신기하게 여겼고, 중국의 화폐 중 특히 이 부분에 주목했다.

"군대가 이 지폐로 군향미를 받았다."

이는 군인들이 단지 종이 한 장을 믿고 목숨을 걸고 싸우러 나갔다는 이야기이며, 지금으로부터 700년도 전에 이미 지폐가 이렇게나 큰 힘을 갖고 있었음을 보여 준다. 이 위대한 지폐는 인류 역사상 볼 수 없었던 거대한 제국을 이루고 상업 무역이 성행했던 원나라(몽골제국)의 군주, 쿠빌라이 칸이 발행했다. 바로 원나라 연호 '중통'을 딴 '중통원보교초(中统元宝交钞)'이다.

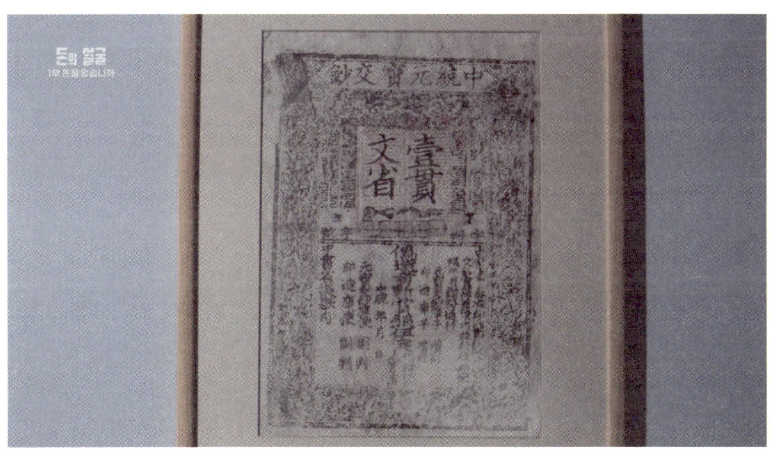

중통원보교초, 중국 전폐박물관

그러나 이 지폐가 세계에서 가장 오래된 지폐는 아니다. 세계 최초의 지폐는 중국 사천성 청두에서 나왔다.

세계 최초의 종이돈 교자(交子)

중국 역사상 가장 발전했으며 상업과 도시 문화를 꽃피운 송나라는 인도, 이집트, 중앙아시아, 한반도, 일본, 심지어 비잔티움 제국과도 교류하며 '교자'라는 세계 최초의 지폐를 만들었다.

그렇다면 그 넓은 송나라 영토 중 왜 하필 사천에서 세계 최초의 지폐가 탄생했을까? 그 이유는 당시 사용되던 실물 화폐의 특성과 지역 여건에서 찾을 수 있다. 前 중국 송사 연구위원회 이사 왕성둬의 말을 들어 보면 지폐가 탄생한 과정을 쉽게 이해할 수 있다.

> "당시 사천 지역에는 반란이 빈번했는데 그 때문에 정부가 세금을 지독히도 많이 징수했어요. 나중에는 구리 돈조차 없게 될 정도로요. 그래서 철로 만든 돈을 사용했는데 철전은 사용하기에 너무 무거웠습니다."

당시 화폐로 사용되었던 철전 한 개의 무게가 약 15g이었는데 쌀 한 말(약 8kg)을 사려면 철전 1,000개가 필요했으니, 무려 15kg의 철전을 짊어지고 가야 쌀 한 말을 사 올 수 있었다는 말이다. 이처럼 실물 화폐를 통한 거래가 지나치게 비효율적이었기에, 보다 간편한 교환 수단이 필요해졌고, 그 대안으로 등장한 것이 바로 지폐였다. 이렇게 등장한 '교자'는 인류 역사상 최초의 지폐로 기록된다. 유럽에서 지폐 발행이 시작된 것이 이때로부터 500여 년 뒤였다는 점을 생각해 보면, 송나라 사천 지역에서의 교자(交子) 발행은 세계 화폐사에서 선구적인 사례로 평가받을 만하다.

지금과 같은 돈은 아니었다?

그렇다고 교자가 오늘날 우리가 사용하는 현대적 지폐와 같았던 것은 아니다. 당시의 교자는 태환지폐•였기 때문이다.

태환지폐는 정부나 은행이 금이나 은 또는, 그 시대에 가치 있는 실물 자산과의 교환을 보장하는 지폐이다. 그렇다면 이 태환지폐가 정확히 어떻게 쓰였는지, 교자가 처음 발행되었을 때의 뒷이야기를 들어 보자.

• **태환지폐(Convertible paper money)**
발행된 지폐와 일정한 비율로 교환할 수 있는 금이나 은 등의 귀금속을 준비금으로 보유한 상태에서 발행된 지폐

"교자가 처음 발행되었을 때, 철전과 교환해 줬습니다. 즉, 교자를 가지고 오면 일정한 수량의 철전과 바꿔 주겠다고 정부가 보장한 것이죠."

왕성둬(前 중국 송사 연구위원회 이사)

실제로 당시에는 교자를 가지고 시장에서 곧바로 쌀이나 물품을 살 수 없었다. 지폐는 직접 거래의 수단이 아니라, 철전으로 교환하기 위한 중개 수단이었다. 교자를 관리하던 관청인 '교자무'에 종이인 교자를 가져가면 교자 1개를 철전 770개로 교환해 주었는데, 더 많은 지폐가 필요해도 그만큼의 철전이 없으면 추가로 발행할 수 없었다. 즉, 종이 지폐는 신뢰의 상징이긴 했지만, 실질가치는 여전히 '금속 화폐'에 종속되어 있었던 셈이다.

그런데 약 200년 후, 동방견문록에 등장하는, 저 멀리 서역에서 온 파란 눈의 소년을 매혹시킨 종이는 더 이상 실물과 바꿀 필요가 없는 오늘날 우리가 사용하는 지폐와 같은 종이돈이었다. 지구 역사상 가장 거대한 제국을 이룬 쿠빌라이 칸이 진짜 종이돈을 찍어 내기 시작한 것이다. 이것이 세계 최초의 불환지폐●였다.

실물 자산으로 바꾸지 않아도 종이 그 자체로 온전히 가치를 다 하는 지폐인 불환지폐는 화폐 역사상 손에 꼽히는 거대한 전환이었다. 스탠퍼드대학교 경영대학원 재무학과 교수 대럴 더피는 그것을 '사건'이라고 표현했다.

● **불환지폐(Fiat money)**
태환지폐의 반대말로, 금, 은 등의 귀금속이나 다른 실물 자산으로 교환할 수 없는 지폐

"돈의 역사에는 여러 중요한 지점이 있었죠. 오래전에 쿠빌라이 칸이 도입했던 중국의 종이 화폐는 엄청난 변화입니다. 그것은 어떤 특별한 약속 없이 시민이 종이 쪼가리를 받아들이기로 한 최초의 사건이었어요."

그렇다면 중국은 어떻게 서양보다 300여 년이나 먼저 불환지폐를 발행할 수 있었을까? 중국 전폐박물관 부관장 가오충밍은 그 이유를 '명목론'에서 찾는다. 중국에서 지폐가 등장할 수 있었던 중요한 원인은 바로 중국의 전통 화폐 사상이 '명목론'에 치중되어 있었기 때문이라는 것이다.

이름 명 名, 눈 목 目

즉, 화폐는 명목만으로도 충분했고 실물적 가치를 가질 필요가 없었다는 인식이 지배적이었다는 것이다. 여기에서 불환지폐를 가리키는 또 다른 용어인 명목화폐•의 정의가 탄생했다.

금과 은 등 어떤 실물 자산과도 바꿀 필요 없이 지폐 자체의 가치로 충분한 화폐. 지금 전 세계에서 쓰고 있는 지폐가 바로 명목화폐이다. 그렇게 900여 년이 지난 지금까지도 전 세계에서 통용되고 있는 명목화폐가 등장했고, 그 가치를 목격한 마르코 폴로는 지구상에 유일했던 이 물건에 경탄했다.

• **명목화폐(Nominal money)**
본질적인 가치가 없지만, 법정 통화로서의 지위를 가지는 화폐로, 오늘날 우리가 사용하는 대부분의 화폐가 명목화폐이다.

'돈'이 아닌 '신뢰'를 찍어 내다

이 엄청난 힘을 가진 종잇조각 즉, 지폐는 사람들의 탐욕을 자극했고, 금과 은, 철전보다 쉽게 만들 수 있었기 때문에 여기저기에서 이를 모방해 만들어 내기 시작했다. 그 결과 가짜 돈인 위조 화폐가 난무했다. 송나라도 교자를 발행한 후 위조 화폐 문제로 골머리를 앓았다.

쿠빌라이 칸은 위조 문제를 심각하게 받아들여 위조 화폐를 철저히 금하였고, 위조 시 처벌한다는 문구를 지폐에 직접 새겨 넣어 신뢰성을 유지하고자 했다.

세계 최초의 명목화폐는 중서성에서 발행되었는데 중서성은 당시 황제를 도와 정책을 만드는 기관이었다. 결국 지폐는 국가가 제작하고 발행하

지폐에 새겨진 문구

는 것이 원칙으로 자리 잡기 시작했고, 이로써 국가는 '통화 발행과 관리의 주체'로서 화폐에 대한 신뢰를 보증하는 존재가 되었다.

이렇게 중국에서 일찍이 지금과 같은 쓸모를 지닌 지폐가 탄생했고, 그 지폐는 국가에서 발행하여 관리했다. 하지만 전 세계적으로 본다면 첫 명목화폐가 탄생하고도 오랫동안 지폐는 실물 자산으로부터 독립하지 못했다. 하물며 중국도 마찬가지였는데, 해가 지지 않던 제국 원나라가 멸망하고 명나라가 세워지자 다시 은을 화폐로 사용하기 시작했다. 서양 역시 오랫동안 '금'을 기반으로 한 화폐 체계를 유지해 왔으며, 지폐가 금과 은에서 완전히 독립된 명목화폐로 자리 잡기까지는 그 이후로도 오랜 세월과 수많은 위기, 제도적 실험, 사회적 신뢰의 축적이 필요했다.

지폐에 새겨진 지폐 관리 주체

06 돈의 자유
돈, '금'과 이별하고 '신용'을 입다

일찍이 중앙집권 체제가 자리 잡고, 강력한 왕권을 행사하여 지폐를 발행했던 동양과 달리, 뿌리 깊은 봉건제 사회였던 서양은 국가 주도의 지폐가 발행되기까지 좀 더 긴 시간이 필요했다.

16세기에 이르러서야 에스파냐(스페인)의 페소, 영국의 파운드 등이 속속 탄생했는데, 모두 송나라의 교자와 같이 실물 자산과 연결된 태환지폐였다. 송나라에 철전이 있었다면 서양 대부분의 국가는 금이나 은을 화폐 가치의 기준이자 보증 수단으로 삼았다.

그런 흐름 속에서 19세기 영국이 '금본위제'를 도입하면서 점차 영국의 화폐가 국제통화 체제로 자리 잡게 된다. 금본위제[•]는 화폐와 금이 같은 값어치로 교환, 연동되는 제도로, 1816년 영국은 금본위제를 공식적으로 도입하여 파운드화의 가치를 금에 연동시켰다. 이후 여러 국가가 영국을 따라 금본위제를 채택했다. 특히, 1870년대부터 제1차 세계대전이 발발하기 전까지 전 세계적으로 금본위제가 널리 확산되었고, 이 시기에 국제 무역이 활발하게 이루어지면서 금본위제는 각국의 통화 가치를 안정시키는 데 중요한 역할을 했다.

이렇게 송나라의 철전 역할을 서양에서는 금이 대신했고, 오랜 시간 동안 서양 사람들은 금을 화폐로 받아들였다. 즉, 금본위제 아래에서 지폐는 금으로 교환할 수 있는 차용증에 불과했다고 해도 과언이 아니다. 다트머스대학교 경제학과 교수 앤드루 레빈의 설명을 들어 보자.

"전통적으로 백여 년이 넘는 시간 동안 종잇조각, 달러는 본질적으로 차용증이었습니다. 그걸 내면 금을 받는 것이죠. 종잇조각의 실제 가치는 그 종이와 교환하여 같은 가치의 금을 얻을 수 있는 능력이었습니다.
모두가 이 종잇조각이 어딘가의 금고에 있는 금으로 바꿀 수 있다고 믿었습니다. 그래서 이것으로 지불할 수 있었던 거예요. 당신이 농부라면 당신은 방앗간 주인에게 이 종잇조각으로 대가를 지불할 수 있습니다. 그리고 방앗간 주인은 이를 기꺼이 받아들입니다."

• **금본위제(Gold standard)**
화폐의 가치를 일정량의 금과 연동하여 보장하는 제도로, 이 제도하에서는 각국의 화폐가 일정량의 금으로 교환될 수 있다.

이렇게 화폐와 금이 동거를 이어 가던 서양에서 이 믿음을 뒤흔드는 사건이 발생한다. 제2차 세계대전이 막바지에 이른 1944년 7월, 전 세계 44개국 대표가 전쟁으로 황폐해진 세계 경제를 재건하고 곧 닥쳐올 경제 위기에 대비하기 위해 미국 뉴햄프셔주의 작은 마을 브레턴우즈에 모였다. 당시 강대국들은 전쟁으로 인한 경제적 피해를 회복하고 글로벌 경제 체제의 안정을 위해 조치가 필요함을 절감했는데, 그들이 선택한 특단의 조치는 금에 연동된 고정환율 제도였다. 그런데 그 기준이 된 화폐는 그간 가장 영향력 있는 화폐로 통용돼 온 영국 파운드가 아닌 미국 달러였다. 그렇게 금 1온스가 35 미국 달러로 고정되면서 달러 중심의 새로운 통화 질서인 브레턴우즈 체제가 출범하게 되었다.

이 회의는 19세기까지 세계 교역 화폐의 60%를 차지하던 영국 파운드를 밀어내고, 미국 달러를 세계 기축통화로 격상시키는 전환점이 되었다. 쉽게 말해, 달러는 금과 직접 연결되고, 다른 주요 통화들(영국 파운드, 독일 마르크, 프랑스 프랑 등)은 달러에 고정되는 방식이었다. 이제 세상의 모든 통화는 금 → 달러 → 각국 통화로 이어지는 구조 속에서 운용되게 되었고, '달러=금'이라는 신뢰 체계가 국제 금융 질서를 지탱하는 중심축으로 자리 잡게 된 것이다.

하지만 변화하는 세계 정세 속에서 언제까지 금 1온스가 35달러일 수는 없었다. 1960년대에 베트남 전쟁이 발발하면서 미국은 막대한 전쟁 비용을 충당하기 위해 대량의 달러를 발행하기 시작했다. 이로 인해 금의 공급량은 그대로임에도 불구하고 시중에 풀린 달러가 급증하여 달러의 가치는 하락할 수밖에 없었고, 결과적으로 금 가격은 온스당 35달러를 넘어섰다.

금의 가치와 달러의 가치가 등가 관계일 때는 사람들이 달러를 사용했지만, 달러의 가치가 떨어지자 상황이 달라졌다. 사람들은 당연히 달러를 금으로 바꾸려 했다. 금이 더 가치 있는 지불 수단이 되었으니 당연한 일이었다. 너도 나도 달러를 금으로 교환해 가면서 미국의 금 비축량은 바닥을 드러내게 되었고, 결국 세기의 폭탄선언이 나오기에 이른다. 당시 미국 대통령이었던 리처드 닉슨 대통령이 '더 이상 달러를 금으로 바꾸어 주지 않겠다'라고 선언한 것이다. 이것이 '닉슨 대통령의 금태환 중지 선언'이라 불리는 역사적인 사건이다.

"달러화 방위를 위해, 미국의 최선 이익을 위해, 결정된 금액과 조건을 제외하고는 달러의 금 또는 기타 자산으로의 전환을 잠정 중단한다."

1971년 8월 15일 금태환 중지를 선언한 리처드 닉슨 대통령

하지만 잠정 중단은 영원한 중단이 되었고, 금본위제는 그렇게 역사 속으로 사라지게 되었다. 1971년 닉슨 대통령의 금태환 중지 선언은 돈이 금으로부터 영원히 자유로워지는 역사적인 순간이 되었다. 벨파스트퀸즈대학 재무학과 교수 존 터너는 그 순간을 이렇게 표현한다.

> "브레턴우즈 체제가 끝나면서 세상이 금으로부터 멀어졌고, 우리는 이제 더 이상 금과 연결되지 않는 돈이 있는 세상을 가지게 되었습니다."

그 옛날 쿠빌라이 칸이 만들었던 '금과 연결되지 않은 돈', 돈 그 자체로의 돈인 명목화폐. 베네치아 소년 마르코 폴로의 눈에 마법처럼 보였던 원나라의 명목화폐 체제는 이렇게 1970년대에 와서야 비로소 전 세계의 표준 화폐 체계로 받아들여지게 되었다.

01 돈의 속도 돈은 어떻게 커질까?

오랫동안 돈을 옭아맸던 '금'이라는 금속의 인력(引力)에서 벗어난 돈은 자유롭게 세계 곳곳을 유영하면서 각국 중앙은행과 시중은행을 넘나들며 마음껏 제 몸집을 키워 나갔다.

명목화폐로 거듭난 1970년대 이후, 돈은 단순 계산으로는 이해하기 어려운 '몸집 불리기'의 과정을 갖게 된다.

돈이 시중에 유통되며 커지는 과정

예를 들어, 중앙은행이 A은행에 화폐 100만 원을 발행해 주었다고 가정해 보자. 지급준비율●이 10%라고 할 때 A은행은 10만 원을 남겨 두고 남은 돈 90만 원은 다른 고객에게 대출해 준다.

대출받은 고객이 90만 원을 사용하면 그 돈은 시중에 돌고 돌아 누군가에 의해 또다시 B은행에 예금된다. B은행은 다시 지급준비금 9만 원(10%)을 남기고 다른 고객에게 81만 원을 대출해 주고, 81만 원은 다시 시중에 돌고 돌아 C은행에 예금된다. 그러면 C은행은 다시 10%인 8만 1천 원을 남기고 72만 9천 원을 다른 고객에게 대출해 준다. 다시 72만 9천 원은 시중에서 돌아 누군가에 의해 D은행에 예금하게 된다. 이런 식으로 돈은 계속해서 커진다. 그럼 100만 원이었던 돈은 얼마나 커졌을까?

100만 원 + 90만 원 + 81만 원+ 72만 9천 원 = 3,439,000원

● **지급준비율(Reserve requirement ratio)**
은행이 고객의 예금에 대해 중앙은행에 의무적으로 예치해야 하는 비율

중앙은행에서 발행한 100만 원은 시중에 유통되며 무려 3,439,000원이 되었다. 이 과정이 반복될수록 돈은 더욱더 몸집을 불리며, 이론적으로 '1/지급준비율 = 10배'까지 예금이 창출됨에 따라 약 10,000,000원의 총량을 만들어 낸다. 이렇게 무(無)에서 유(有)가 창조되는 마법 같은 현상은 현대의 명목화폐이기에 가능한 일이다. 만약, 명목화폐가 아닌 태환지폐라면 같은 과정을 통해 어떤 일이 벌어질까?

앞서 언급했던 송나라의 '교자'를 예로 이야기해 보자. 교자는 2년에 한 번 발행되는 태환지폐였다. 1023년에 125만 관을 발행하기 시작했다면 1024년에는 발행하지 않았으니 1024년에도 여전히 유통량은 125만 관이다.

2년 후인 1025년에 다시 125만 관을 발행하면 이제 시중에 유통되는 교자는 250만 관으로 늘어난다. 계속 이런 식이라면 명목화폐처럼 통화량이 한없이 불어났을 것이다. 하지만 송나라는 그렇게 하지 않았다. 3년째인 1026년에는 첫해 발행분인 125만 관을 전량 폐기했다. 그렇게 통화량은 125만 관으로 유지되었고, 2년 후 다시 250만 관이 되었다가 이듬해 125만 관으로 줄기를 반복했다. 이러한 순환 구조는 2년 발행, 1년 폐기의 형태로 반복되었다.

이렇게 통화량을 조절한 것은 교자가 철전과 연결된 태환지폐였기 때문이다. 바꾸어 줄 철전의 양이 한정되어 있으니 통화량을 함부로 늘릴 수 없었던 것이다.

송나라 교자무의 통화량 조절

연도	발행량	폐기량	유통량
1023	1,250,000		1,250,000
1024			1,250,000
1025	1,250,000		2,500,000
1026		1,250,000	1,250,000
1027	1,250,000		2,500,000
1028		1,250,000	1,250,000
1029	1,250,000		2,500,000
1030		1,250,000	1,250,000

그렇다면 통화량이 늘어나는 것이 과연 좋은 일일까? 돈이 많아지면 모두가 더 잘 살게 되는 것일까? 그리고 국가가 통화량을 조절하는 것은 정말 바람직한 일일까? 그 해답은 중국의 역사 속 사례들을 통해 조심스럽게 엿볼 수 있다.

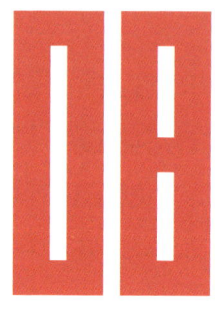

인플레이션 거대해진 돈의 늪

통화량을 일정하게 조절했던 송나라조차도 결국 안정적인 통화량을 유지할 수는 없었다. 몽골과의 오랜 전쟁으로 막대한 군비가 필요해졌고, 이를 충당하기 위해 지폐 발행량을 늘릴 수밖에 없었다. 문제는, 지폐의 실물 기반이었던 철전의 보유량이 점점 고갈되면서 결국 철전이 바닥나 지불할 수 없는 상황에 이르게 되었다는 점이다. 이는 송나라뿐만 아니라 금나라와 원나라에서도 비일비재하게 발생한 일이었는데, 중국 전폐박물관 부관장 가오충밍은 이 같은 통화량 과잉과 실물 자산의 고갈이 여러 왕조에서 반복되었다고 말한다.

통화량 증가가 과거에만 해당하는 이야기는 아니다. 현대 국가들도 유동성 위기에 처할 때, 이른바 돈줄이 막힐 때면 돈을 찍어 내곤 한다. 가까운 사례로는 코로나 팬데믹 시기를 들 수 있다. 2019년부터 시작된 팬데믹 시기에 세계 각국은 역사상 유례없는 많은 돈을 시장에 쏟아 냈다. 지폐의 과도한 발행은 심각한 문제를 초래했는데, 바로 인플레이션•이다.

인플레이션은 통화량의 증가로 인해 화폐의 가치가 하락하고, 전반적인 물가가 상승하는 현상을 말한다. 인플레이션이 발생하면 물가 상승이 급여 상승보다 빠르게 일어나, 일반 시민들의 실질 구매력은 낮아지고 삶은 팍팍해질 수 있다.

인플레이션과 반대되는 개념이 디플레이션•이다. IMF(국제통화기금)는 디플레이션을 '2년 이상 물가 하락이 지속되어 경기가 침체되는 상태'로 정의한다. 1929년 미국에서 시작된 '대공황'이 디플레이션의 대표적인 사례이다. 당시 기업들은 위축된 소비 시장에 대응하기 위해 임금과 투자를 줄이며 버텼지만, 결국 많은 기업이 도산했고 대규모 실업자가 발생했다. 그 결과 시장은 더욱 위축되었고 물가 하락, 기업 붕괴, 대규모 실업 발생, 시장 축소가 반복되며 디플레이션 상황은 더욱 심화되었다. 1939년 대공

• **인플레이션(Inflation)**
통화량의 증가로 화폐 가치가 하락하고, 모든 상품의 물가가 전반적으로 꾸준히 오르는 경제 현상으로, 쉽게 말해 같은 양의 돈으로 살 수 있는 상품과 서비스의 양이 줄어드는 것을 의미한다.

• **디플레이션(Deflation)**
경제 전반에 걸쳐 상품과 서비스의 가격이 지속적으로 하락하는 경제 현상을 말한다. 이는 인플레이션의 반대 개념으로, 상품과 서비스의 가격이 내려가고 화폐의 실질가치가 상승하는 상황을 의미한다.

황이 종식된 이후 디플레이션은 역사에서 자취를 감추다시피 하지만, 인플레이션은 여전히 지속적으로 전 세계에 영향을 미치며 인류를 괴롭히고 있다.

특히, 2021년 역사상 초유의 코로나 팬데믹에 직면한 세계 각국은 멈춰 버린 경제를 재건하기 위해 지폐 공장을 바쁘게 가동했다. 인플레이션의 위험이 불 보듯 뻔했지만, 그런 결정을 내릴 수밖에 없을 만큼 세계 경제는 심각한 상황에 부닥쳐 있었고, 그 결과는 예상보다 훨씬 참혹했다. 세계는 살인적인 물가 상승과 부동산 가격 상승을 경험했고, 장기 불황의 늪에 빠졌다. 경제 체력이 비교적 튼튼한 국가들은 그나마 버틸 수 있었지만, 레바논처럼 내실이 약하고 다른 악재들까지 겹친 국가는 결국 국가 부도 사태로 이어졌다.

사실, 우리나라도 1997년 IMF 외환위기 때 국가 부도급의 경제 위기를 겪은 적이 있다. 다행히 IMF의 구제금융과 국민들의 자발적인 금 모으기 운동 등 전방위적인 노력으로 이를 극복할 수 있었지만, 레바논처럼 국가 경제 기반이 취약한 국가의 국민들은 재산을 보호받지 못했고, 통화 신뢰가 무너진 채 국가 경제는 더 깊은 나락으로 빠져들 수밖에 없었다.

"너 고소당하지 않게 잘해야 해, 알겠어?
돈 가지고 나가, 밖으로 나가!
아무한테도 안 보이는 곳에 숨겨!
내가 금액을 잘 확인하라고 몇 번이나 말했잖아!"

레바논의 은행 강도 사건(2023년 7월 17일 알와마리드 은행)

대화만 놓고 보면 영락없는 은행 강도의 대화처럼 들릴 수 있지만, 이는 평범한 레바논 시민들의 대화이다. 우리와 마찬가지로 이들은 한 은행의 고객으로서 한 푼 두 푼 돈을 모아 한 치의 의심도 없이 은행에 맡긴 것이다.

레바논 시민들의 분노는 지금, 이 순간(2024년 9월 기준)에도 계속되고 있으며, 언제까지 계속될지 확신할 수조차 없다. 이들의 분노와 절망은 언제든 폭발하여 은행과 정부를 향해 총구를 겨눌 수도 있다.

그렇게 인간의 욕망을 따라 흘러가며 몸집을 불려 거대해진 돈은 인간을 늪에 빠뜨리고, 파멸시키기도 한다. 레바논의 수많은 선량한 예금자들을 파멸시켰듯이 말이다.

"3년 동안 한 푼도 출금하지 못했어요. 단 한 푼도요."

"돈을 어디에 두라는 건지. 베개 밑에다 두라는 건가요? 아무 데도 돈을 둘 곳이 없죠. 최소한 은행에 맡긴 건데…."

"돈이 날아갔다고 합니다. 뭐 어디로 날아간답니까? 날개라도 있대요? 대체 어디로 날아간 거예요?"

평범한 레바논 시민들은 묻고 있다. 힘들게 번 내 돈이 어디로 날아간 것이냐고. 국가가 발행한 돈 그 자체, 명목화폐인 종잇조각을 믿고, 이를 잘 보관해 주리라 믿고 은행에 맡긴 이들의 돈은 대체 어디로 날아가 버렸나? 눈에 보이는 숫자와 그걸 보장해 주겠다는 국가에 대한 믿음. '믿는다'는 인식조차 하지 못할 만큼 당연했던 이 믿음은 소용돌이치는 돈의 파도 속으로 사라져 버렸다. 그렇게 돈은 그들의 인생을 앗아갔다.

나에게 세상의 모든 재화를 안겨 줄 수도 있지만, 언제든 나를 배신하며 내 인생을 나락으로 떨어뜨릴지도 모르는 돈. 움켜쥐려 해도 빠져나가고 마는, 찰나의 순간 내 손을 빠져나가고 마는 돈의 진짜 얼굴은 무엇일까? 당신은 돈을 믿는가? 당신의 돈은 지금 이 순간에도 움직이고 있다.

COLUMN

돈의 신뢰가 무너질 때

2022년 레바논에서 벌어진 한 장면은 우리가 고도로 발전된 현대 사회에서 잊고 지내온 돈의 본질, 즉 '신뢰'라는 것이 영원하지 않다는 것을 일깨우고 있다. 병원비를 감당하지 못한 평범한 한 여성이 자신의 예금을 인출하기 위해 은행을 무장 강도처럼 점거한 충격적인 이 사건은 단순한 범죄가 아니라, 금융 시스템의 핵심 전제인 신뢰가 무너졌을 때 어떤 일이 벌어지는지를 보여 주는 상징적 사례다.

오늘날 우리가 사용하는 돈은 더 이상 금이나 실물 자산에 기반한 것이 아니다. 1971년 닉슨 대통령이 금태환 중지를 선언하며 브레턴우즈 체제가 종말을 맞은 이후, 우리는 명목화폐(Fiat money)의 시대에 살고 있다. 아마 대부분의 독자는 원화, 달러화, 엔화와 같이 우리가 일상생활에서 혹은 해외여행에서 늘 접하는 이들 명목화폐를 삶의 한 부분으로서 자연스레 받아들였을 것이다. 이는 신뢰에 기반한 시스템이 그간 잘 작동되어 왔음을 의미한다.

그런데 이 신뢰는 무한하지 않다. 최근의 경제 위기들은 이 불편한 진실을 대중에게 드러내고 있다. 코로나 팬데믹 동안 주요국 중앙은행은 대규모 양적완화(QE)를 통해 시중에 막대한 유동성을 공급했다. 시중에 풀린 돈이 너무 많아질 때, 사람들은 그 돈의 '가치'에 의문을 품기 시작한다. 그리고 이는 투자 심리, 소비 패턴, 자산 시장 전반에 걸쳐 파급 효과를 낳는다. 비트코인과 같은 암호화폐에 대한 대중의 열광도 기존의 명목화폐에 대한 신뢰의 균열과 무관하지 않다.

『돈의 얼굴』 1부가 우리에게 던지는 가장 큰 질문은 이것이다. "당신은 돈을 믿는가?" 이 물음은 단지 지폐나 숫자로 존재하는 화폐에 대한 것이 아니다. 그것은 우리 사회가 구축해 온 금융 시스템, 국가 제도, 중앙은행의 권위, 그리고 궁극적으로는 공동체에 대한 믿음에 관한 것이다. 따라서 우리는 물가와 금리 같은 수치뿐 아니라, 시스템에 대한 신뢰를 어떻게 유지할 것인가에 대한 질문을 던져야 한다. 레바논의 사건이 남의 일이 아닌 이유다. 신뢰 없는 돈은 단지 종이일 뿐이다. 그리고 그 돈을 우리는 매일 사용하고 있다.

연세대학교 상경대학 경제학부 교수

최상엽

“돈의 얼굴은
물의 모습을 하고
있을 것 같습니다.
흐르는 강….
그게 바로 돈의 얼굴이죠.”

이타이 골드스타인 / 펜실베이니아대학교 와튼스쿨 재무학과 교수

2부

이자 굴려 드립니다

"돈은
사자와도 같다.
숲의 왕인 사자….
가장 강하고,
모두가 되고 싶어 하는 동물…."

쉐나이 데미르 / 튀르키예 부동산 중개인

이자 갚고 계십니까?

"몇십 년 동안 벌어서 이걸 한순간에 날려 버렸잖아요."

2024년 2월 28일, 서울 국회의사당 앞에서는 전세사기 특별법 개정안 통과를 촉구하는 기자회견이 열렸다. 2만 명이 넘는 피해자를 낳은 전세사기 사건의 가해자 중 한 명인 건축업자 남 모 씨에게 15년형이 선고되자 피해자들이 '피해에 비해 형량이 너무 낮다'고 외치며 정부의 실질적인 대응을 강하게 촉구하고 나선 것이다.

피해자들이 잃은 전세자금은 그들의 모든 것이었다. 가족들의 세월과 노동, 피땀을 쏟아부은 전 재산이었고 심지어 대출도 상당 비율 포함되어 있었다.

강민석 씨도 2억 원 가까운 금액을 전세사기로 잃었다.

"2억이면 우리 가족이 안 모으고, 안 쓰고 진짜 아등바등해서 20년을 모아야 하는 돈이거든요? 50% 정도는 대출이에요. 전세자금대출도 받았고, 저희가 모아 놓은 돈으로 일부 내고, 그다음에 우리 딸 돈도 들어가 있고 그랬죠."

몇십 명도, 몇백 명도 아닌 몇만 명의 사람이 대체 어쩌다가 전세자금을 잃고 이렇게 고통받게 되었을까? 또 반대로 전세사기 가해자는 어떻게 그렇게 많은 땅을 사고, 많은 집을 지어 세를 놓을 수 있었을까?

이 모든 의문의 해답은 바로 '이자'에 있다.

당신이 지금 이자를 내며 살아가고 있다면, 한 번쯤 생각해 보자. 이자는 당신의 삶에서 어떤 의미일까?

"이자"

남에게 돈을 빌려 쓴 대가로 치르는 일정한 비율의 돈

이자의 사전적 의미이다. 그렇다면 이자는 언제부터 존재했을까? 고대 문명에도 이자가 있었고, 다양한 이자 계산법이 존재했다. 60진법을 쓰던 고대 바빌로니아 제국에서는 은을 대출해 주고 매달 1/60, 즉 연 20%를 이자로 받았으며, 십진법을 쓰던 고대 그리스에서는 연 1/10, 10% 이자를,

십이진법을 쓰던 고대 로마 제국에서는 연 1/12, 약 8.33% 이자를 받았다. 그렇다면 화폐가 없던 시절, 이자는 존재하지 않았을까? 그렇지 않았다. 화폐가 탄생하기 이전에도 사람들은 이웃으로부터 씨앗이나 동물을 빌리면 이를 돌려줄 때 이자를 쳐줬다. 왜 그랬을까?

'이자(Interest)'라는 단어의 어원은 인류의 고대 문명에서 그 흔적을 찾을 수 있다. 고대 수메르어에서 이자를 뜻하는 단어 'mash'는 '송아지'를 의미하는데, 이는 가축이 새끼를 낳듯 원금에서 새로운 수익이 생겨난다는 개념을 반영한 것이다. 고대 그리스어로 이자를 뜻하는 'tokos' 또한 '출산'을 의미하며, 소 떼에서 태어난 새끼를 지칭하는 단어에서 유래했다. 이집트어에서 이자를 의미하는 단어는 'ms'로, 이는 '출산하다'라는 뜻을 지닌다.

위의 내용에서 이자를 뜻하는 고대 단어들의 공통점을 유추할 수 있는데, 가축 혹은 가축들의 자연 번식을 뜻한다는 점이다. 당시 사람들은 이자를 새끼를 낳는 것과 비슷한 현상으로 이해했던 것 같다. 심지어 한국어에서도 이자는 한자로 '利子'인데, '새끼'를 뜻하는 '아들 자'가 포함되어 있다.

'이자'가 동물들의 번식과 어떤 관련이 있는지에 대해 윌리엄 N. 괴츠만은 그의 저서 「금융의 역사」에서 다음과 같이 설명한다.

만약 이웃에게 소 서른 마리를 1년 동안 빌려준다면, 서른 마리보다 많은 소를 돌려받으리라 기대할 것이다. 소는 번식하기 때문이다. 따라서 소 떼 주인의 재산은 소 떼가 번식하는 속도와 같은 비율로 늘어난다.

이렇듯 수렵·채집 사회와 달리 농경·목축 사회에서는 이자라는 개념이 자연스럽게 출현했는데 이 시절부터 이자는 '시간이 지나면서 불어나는 재산에 대한 가치'였다.

이자는 나쁜 것?

그렇다면 이자는 좋은 것일까, 나쁜 것일까? 과거에는 이자를 금기시하는 문화가 지배적이었다. 대표적으로 이슬람 문화에서는 이자를 대가 없이 벌어들이는 돈이라 보고, 노동의 가치가 폄하된다고 여겨 하람(Haram), 즉 종교적으로 금기된 행위로 규정했다.

유럽에서도 마찬가지로 중세 가톨릭에서 이자를 죄악시한다는 이유로 고리대금업을 금지했었는데, 이 일을 맡은 이들이 바로 유럽에서 탄압받던 유대인들이었다. 셰익스피어의 희극 〈베니스의 상인〉에 등장하는 악덕 고리대금업자 샤일록은 바로 이러한 배경 속에서 탄생한 인물이다.

고대 그리스에서도 이자는 환영받지 못했다. 고대 그리스 철학자인 플라톤은 '모든 만물에는 각자의 역할이 있고, 그 역할에서 벗어났을 때 세상이 혼란해지는 것'이라 주장했다. 돈은 상품 교환의 척도라는 고유의 쓸모가 있으니 그 역할에서 벗어난 행위, 즉 이자를 주고받는 행위는 옳지 않다는 것이다. 플라톤은 이자를 받고 돈을 빌려주는 것을 단죄해야 할 뿐만 아니라, 이런 돈을 빌린 사람은 빌려준 사람의 원금을 상환하지 않아도 된다고 주장했다.

"이자를 붙여서 돈을 빌려주어서는 안 됩니다. 그런 돈을 빌린 사람은 이자도 원금도 일절 갚지 않아도 됩니다."

플라톤, 『법률』

금리란?

그럼에도 불구하고, 사람들은 저마다의 필요에 따라 이자를 활용해 왔다. '돈이 돈을 벌게 하는 구조'에 도덕적 찬반은 존재했지만, 현실의 경제에서는 이자를 완전히 배제할 수 없었다. 그렇다면, 이자를 얼마나 지불해야 공정하다고 볼 수 있을까? 이러한 기준을 수치로 나타낸 것이 바로 '금리'이다.

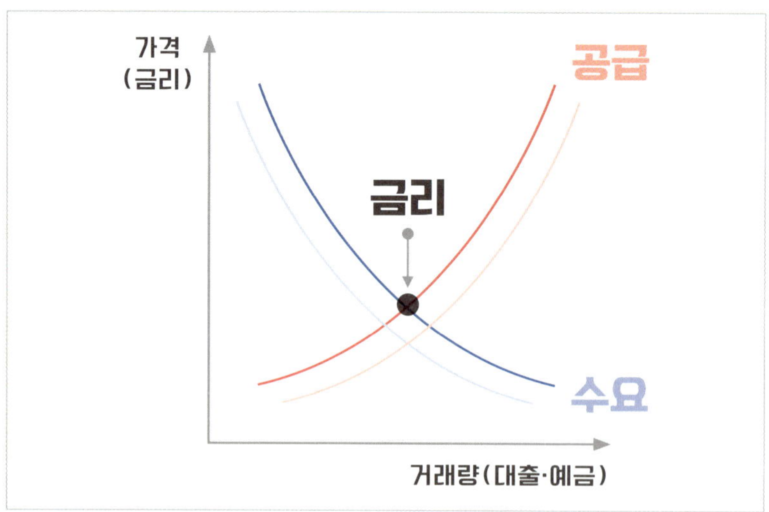

금리는 시간의 가치를 반영하기 때문에, 현재의 소비를 미루고 기다릴수록 미래에 더 큰 가치를 얻을 수 있게 설계되었다. 반대로 이자를 부담하는 입장에서는 내일 갚아야 할 금액을 오늘 갚으면, 이자 발생을 줄이므로 더 적은 손해를 보게 된다. 이처럼 시간의 경제적 가치를 이해한 사람들은 역사 속에서도 등장하는데, 금이 돈이었던 시절의 금세공업자들이 그들이다.

16세기 영국에서는 금이 곧 돈이었다. 하지만 금은 무겁고 휴대가 불편했기 때문에 금세공업자들은 더 작고 가벼운 형태의 금화를 주조하기 시작했다. 엄청난 양의 금화가 만들어지면서 이를 안전하게 보관하는 문제가 대두되자, 금세공업자는 이를 보관할 자신들만의 금고를 만들었다.

하지만 금을 안전하게 보관하고 싶은 이들은 금세공업자뿐만이 아니었다. 금을 안전하게 보관하고자 하는 수요가 점점 커지자, 금세공업자들은

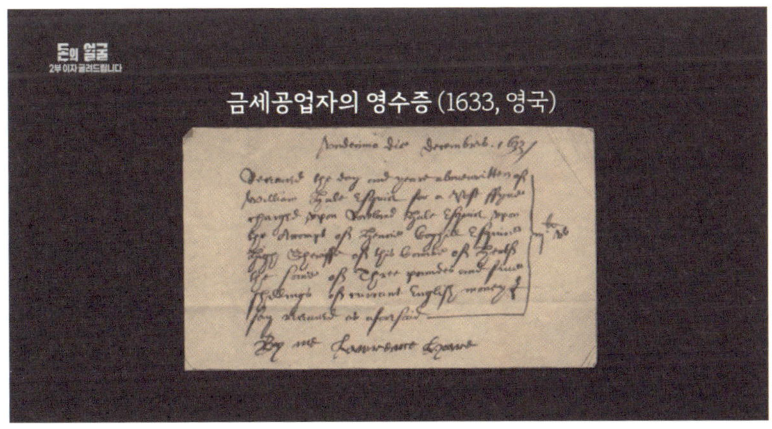

금세공업자의 영수증(1663, 영국)

사람들에게 금 보관 서비스를 제공하기 시작했다. 고객들은 일정한 보관료를 지불하고 금세공업자에게 금을 맡겼고, 금세공업자는 이를 증명하는 보관증을 발행했다. 이 보관증은 실제 금과 동일한 가치를 가진 것으로 여겨졌기 때문에, 고객들은 보관증을 소유함으로써 금을 안전하게 보관했다는 안도감을 얻을 수 있었다.

금세공업자들은 점점 더 많은 사람들이 금을 맡기자 이를 새로운 기회로 생각하게 된다. 맡겨진 금화를 금고에 그대로 보관하는 대신, 금화가 필요한 사람에게 빌려주고 이자를 받는 방식으로 활용하기 시작한 것이다. 이것이 바로 대출 사업의 효시였다. '보관'에서 '대출'로의 전환. 그것은 단순한 서비스의 변화가 아니라, 돈의 역할을 확장시키는 역사적 전환점이 되었다.

은행의 탄생

은행의 역사는 기원전 4천여 년 전 메소포타미아 문명으로 거슬러 올라간다. 고대 메소포타미아의 함무라비 법전에는 이자, 채무, 계약 등 금융 거래에 대한 규정이 등장한다. 그러나 현대적 의미에서의 서로 다른 화폐를 교환하고 금융 서비스를 제공하는 '환전상'이 등장한 것은 르네상스 시대의 이탈리아였다. 당시 이탈리아는 지리적 이점을 바탕으로 무역의 중심지로 번성했고, 다양한 나라의 상인들이 몰려들면서 서로 다른 화폐를 교환하고 금융 서비스를 중개해 줄 '환전상'이 자연스레 등장했다. 이탈리아 환전상들은 주로 '방카(Banca, 탁자)'에서 업무를 보았는데, 이 단어가 오늘날 '뱅크(Bank)'의 어원이 되었다.

1318년 이후에는 이탈리아에서 '예금을 받는 은행가'에 대한 기록들이 나오는데, 당시 은행가는 대부분 귀족 계층으로, 권력과 자산을 함께 보유하고 있었다. 하지만 현대 은행 시스템의 실질적인 기틀을 마련한 것은 16세기 이후 영국의 금세공업자들이었다.

은행의 수입은?

그렇다면, 은행은 어떻게 돈을 버는 걸까? 벨파스트퀸즈대학교 경영대학 재무학과 교수 존 터너는 은행의 수익 구조를 다음과 같이 이야기한다.

> "은행원들이 돈을 버는 방식에는 '3-6-3 규칙'이라는 말이 있습니다.
> 예금자에겐 3% 이자를 지급하고,
> 사업가에겐 6% 이자로 빌려주며,
> 오후 3시엔 골프 치러 간다는 뜻이죠."

즉, 은행은 이자차익(마진)을 통해 돈이 돈을 버는 구조를 실현하는 것이다.

이스탄불대학교 경제학과 교수 빈한 엘리프 일마즈는 이자를 '돈의 임대세'라고 표현한다. 이자는 생산 요소 중 하나인 자본의 수익으로, 부동산 임대와 마찬가지로 돈의 임차인은 일정 기간 돈을 빌리는 대가로 비용을 지불한다는 설명이다. 즉, 돈의 수요가 없다면 자연히 이자도 존재하지 않을 것이라는 얘기다.

그렇다. 이자에 대한 종교적 터부가 대부분 사라진(완전히 사라졌다고 할 수는 없지만) 현대 사회에서 이자가 없다면 과연 누가 돈을 빌려주겠는가? 또한, 이자가 없다면 누가 저축을 하려고 할까?

이런 맥락에서 금리는 돈이 필요한 채무자와 돈을 빌려주는 채권자 간의 합의에 따라 결정되며, 양측은 각자의 선택에 따른 비용과 이익을 감수해야 한다. 이 과정에서 금리는 돈의 가치를 측정하는 기준이 된다. 사람들은 돈의 가치를 극대화하기 위해 다가올 미래의 시간을 미리 당겨쓰기도 하고, 현재를 더 견디며 기다리기도 한다. 이처럼 돈에 대한 수요와 공급의 줄다리기가 금리를 움직이는 것이다.

02 금리 변동의 법칙
금리는 움직인다

세상의 돈이 '물'이라면 금리는 물의 양을 조절하는 '밸브'와도 같다. 금리가 낮아지면, 사람들은 돈을 저축하기보다는 대출을 받아 자금을 더 적극적으로 활용하려는 경향을 보이고, 반대로 금리가 오르면 돈 빌리는 것을 꺼리고 돈을 저축하려는 경향을 보인다. 금리의 변화는 이렇게 사람들의 소비와 투자, 그리고 저축에 직접적인 영향을 미치는 중요한 변수이며, 경제 전체의 흐름을 조정하는 중요한 역할을 한다.

그렇다면 돈을 조절하는 밸브(금리)는 누가 잠그고 풀까? 바로 국가, 더 정확히는 국가의 중앙은행에서 조절한다. 그리고 그 나라의 대표 금리를 '기준금리'라 한다.

기준금리●는 각국의 경제 상황에 따라 변하고, 소비자의 대출금리 및 예금금리에도 직간접적인 영향을 미친다. 그렇기에 각국의 기준금리는 경제의 건강 상태를 가늠하는 중요한 지표가 된다.

각국의 중앙은행은 기준금리를 결정하기 전에 국내외 경제 상황, 인플레이션, 실업률, GDP 성장률, 소비 및 투자 동향, 국제 경제 여건 등 다양한 경제 지표를 분석한 후 그 결과를 국민들에게 발표한다. 시중에 돈이 많이 풀리게 하려면 기준금리를 낮추면 되고, 반대로 시중에 돈이 너무 많이 풀렸다 싶으면 금리를 높이면 된다.

- **기준금리를 낮출 경우 : 자금 조달 비용이 줄어들어 대출이 활성화되고, 기업과 소비자들의 투자 및 소비가 증가하며 경제가 활성화된다. 이는 특히 경기 부양이 필요한 시점에 활용된다.**
- **기준금리를 높일 경우 : 대출 비용이 증가해 소비와 투자가 줄어들고, 경제의 유동성이 축소된다. 이는 과도한 인플레이션이나 경제 과열을 방지하기 위한 조치로 사용된다.**

그렇다면 국가는 언제 금리를 낮추고 언제 높여야 할까? 기본적인 원리를 먼저 살펴보자. 중앙은행이 금리를 내리면 개인과 기업은 저렴한 이자로 돈을 빌릴 수 있게 되어 소비와 투자가 늘어나게 된다. 즉, 시중에 돈이

● 기준금리(Base rate)
중앙은행이 통화 정책을 조율하기 위해 설정하는 중요한 금리로, 중앙은행이 시중은행 등의 금융기관에 자금을 대출하거나, 예금을 받을 때 적용하는 금리를 말한다.

많이 풀리는 것이다. 소비와 투자가 늘어나면 수요가 공급을 초과하게 되면서 물가가 상승하는 인플레이션이 발생한다. 물가가 상승하면 같은 돈으로 살 수 있는 물건의 양이 줄어들게 되니, 결국 돈의 가치가 떨어지게 된다.

반대로 금리를 올리면 기업들이 자금을 조달하는 데 드는 비용이 증가한다. 자연히 기업들은 새로운 투자에 소극적일 수밖에 없고, 투자가 줄어들면 경제 활동이 둔화되고 상품과 서비스의 공급이 줄어들어 물가 상승을 억제하게 된다. 이처럼 금리 인상은 투자 감소를 통해 물가를 안정시키는 역할을 한다. 이 같은 중앙은행의 조절 기능을 '모기 기둥'에 빗대어 설명하기도 한다.

> "물가에 가면 모기가 떼를 지어 있어 마치 하나의 기둥처럼 보이기도 하는데, 이 모기 기둥은 조금씩 이동하고 있습니다.
> 이때 하나하나의 모기를 상품이라고 생각하면, 하나하나의 모기가 움직이는 것은 하나하나의 상품 가격이 움직이는 것과 같습니다. 전체적으로 봤을 때는 천천히 움직이는 모기 기둥의 움직임이 '물가'이고요.
> 모기 기둥의 움직임, 즉 물가의 움직임을 어떻게든 통제하려는 것이 중앙은행이나 정부의 일입니다."
>
> 와타나베 츠토무(도쿄대학교 경제학부 교수)

그렇다면 이 일반적인 경제의 법칙은 모든 국가에 적용되는 것일까? 2024년 10월 기준 우리나라의 기준금리는 3.25%, 미국은 5.0%, 일본은 0.25%, 튀르키예는 무려 50%이다. 대체 왜 이렇게 나라마다 기준금리가 차이가 나는 것일까?

금리와 경제의 상관관계에 대한 일반적인 법칙은 각국의 경제 상황에 따라 적용될 때도 있고, 깨질 때도 있다.

팬데믹이 무너뜨린 금리의 상식

2019년 12월 발생한 코로나 팬데믹에 전 세계가 휘청이자, 세계 각국은 금리를 내린다. 심각하게 얼어붙은 경기를 활성화하기 위해 시중에 돈을 풀어야만 했었고, 심지어 미국은 2020년 3월, 금리를 0%로 인하하기에 이른다.

그 시기, 우리나라는 금리를 인하했을 뿐만 아니라 3개월간 '유동성 무제한 공급'을 선언했다. 이는 금융 회사들이 민생·금융 안정 패키지 프로그램을 실행하는 데 필요한 자금을 중앙은행에서 무제한으로 공급하겠다는 것이었다. 쉽게 말해 자금 공급을 제한 없이 확대하여 금융 시스템의 안정을 도모하겠다는 조치였다. 한국은행은 이례적인 이번 선언에 대해 '금융시장 안정을 꾀하고 정부의 민생·금융 안정 패키지 프로그램을 지원하기 위한 조치'라고 설명했다.

그만큼 코로나 팬데믹으로 인해 전 세계 경제는 절박한 상황에 직면했다. 하지만, 이 같은 초저금리는 엄청난 인플레이션 압박을 낳았고, 결국 세계 각국은 다시 금리를 조금씩 올리기 시작했다. 그런데 미국, 유럽, 이스라엘 등 여러 나라가 금리를 올리던 그 시기, 튀르키예는 유일하게 금리를 인하했다.

튀르키예·미국 기준금리 변화

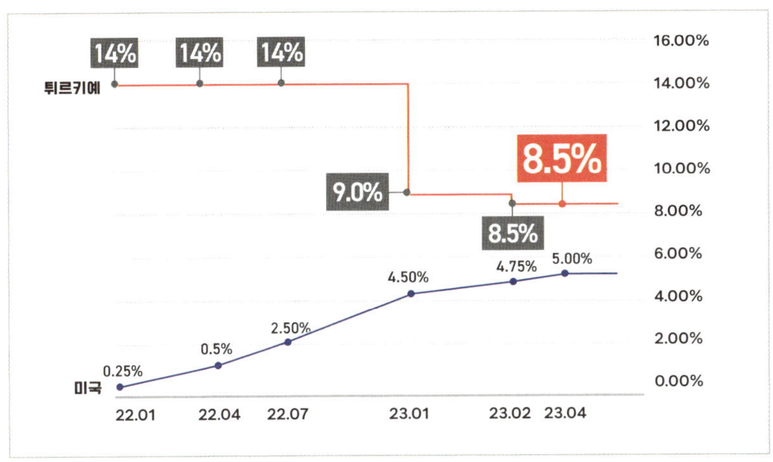

출처 : 튀르키예 중앙은행, 연방공개시장위원회(FOMC)

2021년 10월 16%였던 튀르키예의 금리는 22년 1월에는 14%, 23년 2월에는 8.5%까지 급격히 하락했다. 금리 인하의 배경으로는 경제 성장을 우선시하는 정책 기조가 있었다. 튀르키예 대통령 레제프 타이이프 에르도안은 금리를 인상할 경우 경제 성장이 둔화될 것을 우려하며, 금리 인하를 통해 경제 활성화를 이루겠다는 의지를 표명했다. 그는 튀르키예 국민들을 향해 다음과 같이 말했다.

"미국을 보세요. 서양을 보세요. 이스라엘을 보세요. 모든 곳에서 금리가 낮아졌지만, 금리를 방어하고 있는 우리 친구들에게 무슨 일이 일어나고 있습니까? 여기에서 인플레이션이 어떻게 되었는지 확인할 수 있습니다."

하지만, 이 같은 의문의 역주행 저금리 정책을 제대로 이해하려면 앞서 언급했던 이슬람적 종교 배경을 살펴볼 필요가 있다.

2014년 취임한 에르도안 대통령은 이슬람 강경파로 알려져 있으며, 저금리 정책을 시행할 때 이슬람교 교리를 내세운다.

이슬람 사제인 하이다르 캬야에 따르면, 어떠한 것이 할랄(허용된 것)이려면 그것이 땀과 지혜, 노동으로 만들어진 것이라야 하는데 돈으로 돈을 번다는 것은 착취이고, 다른 사람의 권리를 빼앗는 행위라는 것이다. 즉, 이슬람교에서 상업적 의미의 금리는 하람(금기)이다. 은행에서 이자를 받고 저축하는 것도 당연히 하람에 해당한다. 은행에서 이자를 받아서도 안 되고, 친구에게 돈을 빌리고 이자를 주어서도 안 된다. 그것은 죄악이다. 그래서 이슬람교에서는 돈놀이를 금지하고 노동을 통해서만 살아갈 것을 명하고 있다.

그러나 시장은 종교적 신념만으로 움직이지 않는다. 당연히 그 결과는 예상과 다르게 나타났다. 억지로 낮춘 금리는 오히려 물가 상승을 가속화하는 결과를 초래했다. 코로나 팬데믹 직후 세계적으로 물가가 상승하긴 했지만, 튀르키예의 경우 유독 심각한 인플레이션이 발생했다.

결국 치솟는 물가를 잡기 위해 튀르키예는 8차례에 걸쳐 금리를 대폭 인상해야만 했다. 이러한 극단적인 금리 인상은 극심한 인플레이션을 잡기 위한 조치였고, 급격히 하락한 화폐 가치를 안정시키기 위해 불가피한 선택이었다.

튀르키예 기준금리

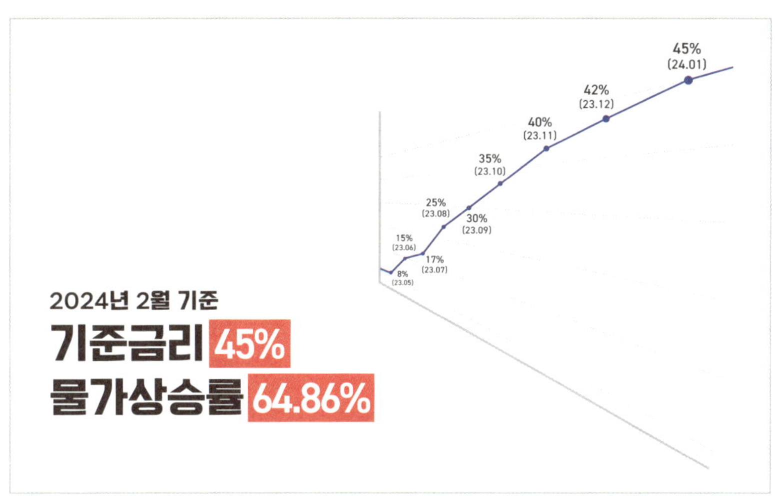

출처 : 튀르키예 통계청

이슬람 메미쉬를 비롯한 튀르키예의 경제학자들은 종교적 신념에 기반한 금리 인하 정책이 잘못된 결정이었다고 비판한다. 이러한 정책은 결국 부메랑처럼 날아와 튀르키예에 심각한 경제적 위기를 안겼다. 나 홀로 금리 인하를 시작하자 물가상승률이 65%에 이르는 막대한 인플레이션이 발생하고 만 것이다. 한편, 16%이던 금리 또한, 2023년 중반부터 급격히 인상해 2024년 2월에는 무려 45%에 도달했다. 이 엄청난 물가상승률은 자국 통화인 리라의 가치를 하락시켰고, 튀르키예 시민들의 생활에도 악영향을 미쳤다.

속절없이 하락해 버린 자국 화폐 가치로 인해 튀르키예 시민들은 더 이상 리라화만을 믿고 살 수 없었기 때문에, 안정적인 교환 수단을 찾기 시작했다.

그들이 금을 신뢰하는 이유

튀르키예 이스탄불에 사는 센괴즈 씨 부부는 한 달에 한 번 가까운 친척, 지인들과 계 모임을 하는데, 이 모임에서는 튀르키예 화폐인 리라가 아닌 금을 모은다. '황금의 날'이라고 불리는 이 모임은 무려 12년간 지속되었는데, 처음 1g당 100리라였던 금값이 현재는 무려 1,600리라에 달한다. 바로 이것이 그들이 리라가 아닌 금을 모으는 이유이다. 센괴즈 씨 역시 금을 절대적으로 신뢰한다.

> "한 번도 손해를 본 적이 없습니다. 가격이 내려간 적은 한 번도 없고, 언제나 올라갔습니다. 잠깐 떨어져도 바로 올라갑니다. 제가 고등학생일 때엔 1g의 금과 부엌에서 쓰는 가스통의 가격이 같았는데, 지금은 금이 훨씬 비쌉니다. 튀르키예에서 금 가격은 늘 올라가요."

그도 그럴 것이, 어마어마한 물가 상승으로 인해 화폐 가치가 점점 떨어지니 시민들이 믿을 것은 금밖에 없었을 것이다. 실제로 튀르키예는 세계에서 네 번째로 금 수요가 높은 국가이다. 세계금협회의 조사에 따르면 미국 연방준비제도이사회•의 금 보유량은 약 8,133톤인 데 반해, 튀르키예는 일반 가정에서만 총 5,000톤에 달하는 금을 보유하고 있으며, 튀르

• **연방준비제도이사회(Federal Reserve Board)**
미국의 중앙은행 시스템인 연방준비제도(Federal Reserve System)의 핵심 기관으로, 미국 경제의 통화 정책을 수립하고 감독하는 역할을 한다.

키예 중앙은행 역시 무려 512톤의 금을 보유하고 있다.

심지어 월세도 금으로 내기도 한다. 1년 치 월세가 약 1kg의 금에 해당할 정도이다. 이렇게 화폐 가치가 형편없어지자, 돈을 모으는 것이 무의미하다고 느끼는 시민들도 늘어났다. 구청에서 홍보를 담당하는 20대 청년 살리흐라는 다음과 같이 말한다.

> "현재로서는 돈을 쓰면서 지내는 것을 선호합니다. 나비와 같은 삶을 살고 있어요. 그러니까, 지금은 돈을 별로 모으고 싶지 않아서, 바로 씁니다. 나비의 생은 3일이고, 최대한 보람차게 살아야 합니다. 그처럼 저도 곧 죽는다고 생각하고 지금 있는 돈을 쓰고 있는 겁니다."

이렇게 무리하게 금리를 낮춘 국가가 튀르키예였다면, 장기간 초저금리 정책을 유지한 나라도 있다. 바로 일본이다. 일본은 1960년대부터 약 30년간 고도성장을 이루며 세계 경제에서 독보적인 위치를 차지했다. 당시 일본은 6~10%에 이르는 높은 금리에도 불구하고 우수한 품질과 가격 경쟁력을 갖춘 제조업이 호황을 이루며 엄청난 경제 황금기를 누렸다. 기업들은 앞다투어 자금을 빌려 사업을 확장했고, 개인들은 자산 증식을 위해 공격적인 재테크에 나섰다. 이러한 분위기 속에서 주가와 부동산 가격이 폭등하며 일본 경제는 과열 양상을 보였고, 이는 결국 거품경제•로 이어졌다.

• **거품경제(Bubble economy)**
버블경제라고도 하며, 부동산이나 주식 등 자산의 가격이 실제 경제적 가치보다 지나치게 높게 형성된 상태를 의미한다.

그러나 1986년부터 거품경제가 무서운 속도로 붕괴되기 시작했다. 결정적인 계기는 플라자 합의●였다. 1970년대 이후 일본의 대기업들은 강력한 기술력을 바탕으로 세계 시장을 주름잡았다. 특히 일본 자동차 회사들의 미국 내 반응이 폭발적이었는데, 이 과정에서 일본은 세계 1위의 무역흑자국이 되었다. 하지만 이후 미국의 본격적인 견제가 시작됐다.

1985년 9월 22일, 미국, 영국, 독일(서독), 프랑스, 일본 각국의 재무장관과 중앙은행 총재들이 미국 뉴욕의 플라자호텔에 모였다. 1980년대 초반 미국은 인플레이션을 해소하기 위해 펼친 고금리 정책으로 인해 달러 강세가 지속되는 상황이었다. 하지만 달러 강세로 인해 미국은 경상수지 적자가 심화되어 갔다. 특히 일본과의 무역수지 적자가 문제였다. 당시 레이건 행정부는 이런 미국의 경상수지 적자를 환율 조정을 통해서 해결하고자 했다. 플라자 합의를 통해 일본의 엔화와 독일의 마르크화의 통화가치 상승을 유도하기로 한 것이다. 그렇게 미국은 무역수지 적자 개선을 위해 달러 가치를 하락시키려 했고, 이런 미국의 전략은 맞아떨어졌다. 달러 가치는 하락한 데 반해 엔화의 가치가 올라 일본 제품의 가격 경쟁력은 떨어졌고, 수출이 많이 감소하며 일본의 경제성장률은 곤두박질치게 된다. 추락하는 일본 경제에 불을 지핀 것은 '블랙먼데이'였다.

블랙먼데이(Black Monday)는 1987년 10월 19일, 뉴욕의 다우존스 평

● **플라자 합의(Plaza Accord)**
미국의 달러화 강세를 완화하려는 목적으로 미국, 영국, 독일, 프랑스, 일본의 재무장관들이 맺은 합의

균주가가 하루 만에 전일 대비 22.6% 폭락한 사건을 말한다. 1980년대 중반 미국도 엄청난 호황기를 누리며 주식 시장도 지속적인 상승세를 이어갔고, 많은 투자자가 '주가는 무조건 오른다'는 낙관적인 믿음을 갖고 있었다. 하지만 사실 미국 경제는 무역적자와 높은 금리라는 구조적 문제를 안고 있었고, 결국 이러한 불균형이 주가 폭락을 초래했다.

닛케이 지수

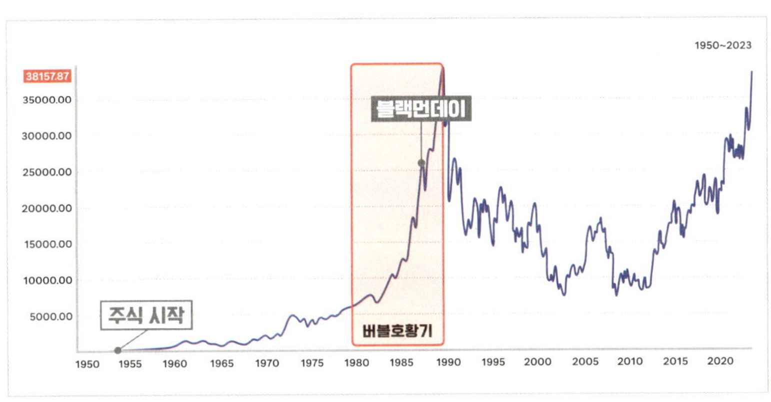

블랙먼데이 이후, 일본을 비롯해 영국, 싱가포르, 홍콩 등 주요 글로벌 시장에서도 주가가 급락하며 전 세계적으로 약 1조 7,000억 달러에 달하는 증권투자손실이 발생했다. 일본 역시 이 여파로 큰 타격을 입었다.

일본의 거품경제 시기와 블랙먼데이를 모두 겪었던 올해 88세의 주식 투자자는 그 시기를 이렇게 회상한다.

"일본 경제는 1980~1989년 거품경제 시기에 엄청났어요. 하지만 블랙먼데이는 최악이었죠. 모든 종목이 약세였고, 파도가 심했습니다.
나도 큰 손해를 봤어요. 당시 10억 엔이 2.5억 엔이 되지 않았을까 싶은 정도였어요. 그만큼 큰 타격이었습니다."

블랙먼데이 이후 일본 경제가 급격히 냉각되자, 일본은행은 기준금리를 인하할 수밖에 없었다. 1987년 2월, 일본은행은 기준금리를 사상 최저 수준인 2.5%로 낮췄다. 이는 불과 2년 만에 무려 2%나 금리 인하를 단행한 것으로, 당시로서는 파격적인 인하 정책이었다.

금리 인하의 한계

그렇다면 금리는 어디까지 인하할 수 있을까? 도쿄대학교 경제학과 교수 와타나베 츠토무는 금리 인하의 한계에 대해 이렇게 이야기한다.

"금리는 10%에서 5%, 그다음 3% 이렇게 낮출 수 있지만, 결국에는 0%에 도달하게 됩니다. 올리는 것은 많이 올릴 수 있지만, 내리는 것은 0%까지만 낮출 수 있다는 큰 벽에 부딪히게 되는 것입니다."

그렇다. 금리는 앞서 말했듯이 '돈의 임대세'다. 임대세가 없다면, 즉 금리가 0%라면 누가 돈을 빌려주려고 할까? 이런 상황에서 은행은 어떻게 운영될 수 있을까? 그렇다면 금리는 절대 '0'보다 작아질 수 없는 것일까?

아니다. 마이너스 금리도 존재한다. 일본은 좀처럼 살아나지 않는 경기를 부양하기 위한 고육지책으로 2016년, 전격적으로 마이너스 금리 정책[●]을 도입했다.

이 정책이 시행되면 은행에 돈을 맡길 때 이자를 받는 것이 아니라, 오히려 비용을 지불해야 한다. 반대로 돈을 빌릴 경우, 이자를 내는 것이 아니라 돈을 추가로 받을 수 있다. 즉, 돈을 얹어 줄 테니 대출을 받아서 투자하라는 것이었다.

그야말로 초유의 정책이었고, 그만큼 경기 부양이 절박했다. 前 일본총리자문위원 이토 모토시게는 낮은 금리 상태를 다음과 같이 이야기한다.

> "금리는 경제의 온도계와 같습니다. 금리가 낮다는 것은 체온이 낮다는 것이고, 저체온이 우리 몸에 좋은 것이 아니듯 저금리도 바람직한 상황이 아닙니다."

그렇다면 마이너스 금리 정책을 도입한 일본 경제는 과연 회복의 길을 찾았을까?

● **마이너스 금리 정책**
중앙은행이 시중은행이 보유한 초과 준비금에 대해 마이너스 금리를 부과하여 경제 활성화나 디플레이션 방지, 자국 통화 가치를 조정하기 위한 통화 정책

03 금리와 물가 금리와 물가의 상관관계

마이너스 금리 정책에도 일본 경제는 좀처럼 회복될 기미가 보이지 않았다. 이러한 경제 상황을, 대학을 갓 졸업한 청년의 시선에서 살펴보자. 장기적인 경제 침체 속에서 청년 세대는 취업난과 저성장 기조로 인해 어려움을 겪고 있으며, 개인의 삶 역시 경제적 불안정성을 고스란히 반영하고 있다.

대학원에 진학 예정인 이주인 히로키(26세) 씨는 저성장기에 태어나 학교에 다녔고, 사회에 나왔다. 히로키 씨는 일본의 화려했던 호황기를 태어나서 한 번도 경험해 본 적이 없다. 어린 시절부터 불황 속에서 자랐고, 지금도 경제 불황은 계속되고 있다.

패스트푸드로 끼니를 해결하는 히로키 씨

당연히 취업은 어려운 상황이라 히로키 씨는 결국 취업을 미루고 대학원 진학을 결정했다. 월세 6만 엔(약 56만 원)과 관리비 5,000엔(약 4만 6천 원)에 달하는 집에 거주하며 식사는 주로 저렴한 패스트푸드로 해결한다.

이처럼 일본인들에게 지난 30여 년간의 호황기는 이제 노년 세대만이 기억하는 오래된 과거의 이야기가 되었다. 모자 가게를 운영하는 82세의 타무타 모토히데 씨는 일본 경제의 황금기를 이렇게 회상한다.

"그때는 그렇게 느끼지 못했지만, 지금 생각하면 확실히 모두 씀씀이가 좋았어요. 손님들이 한 번에 두세 개씩 모자를 사기도 했고, 손님 대부분이 사 주신 기억이 납니다. 지금 생각하면 '그게 버블이었구나' 싶어요."

일본의 거품경제 호황기는 이제 노인들에게 '풍요로웠던 추억'만을 남긴 채 역사 속으로 사라져 버렸다. 반면, 현재의 불황기를 살아가는 젊은 세대에게는 그 시절이 전설처럼 전해지는 과거의 이야기에 불과할 뿐이다.

금리와 물가의 상관관계

그렇다면 금리와 물가는 어떤 영향을 주고받으며 움직일까? 일반적인 경제 법칙에 따르면, 금리가 낮아지면 소비와 투자가 증가하고, 이에 따라 수요가 공급을 초과하게 되면서 인플레이션이 발생할 가능성이 높아진다.

하지만 일본의 장기 불황기에는 이 기본 법칙이 제대로 작동하지 않았다. 이는 거품경제로 인한 비정상적인 자산 버블이 꺼진 여파가 너무나도 컸기 때문이었다. 실제로 일본의 물가는 오르지도 않고 내리지도 않으며 오랫동안 정체된 상태를 유지했다.

오랫동안 마이너스 금리를 유지하면서 갈 곳 잃은 일본의 자금은 투자처를 찾아 외국으로 빠져나갔고, 그 결과 엔화의 가치가 떨어지기 시작했다. 이러한 상황에서 코로나 팬데믹이 겹치자 수입 원자재 가격이 급등했고, 여기에 환율 상승까지 더해져 수입 비용의 증가 폭이 더욱더 커지게 되었다. 이로 인해 일본의 물가가 상승하는 것은 불 보듯 뻔한 일이었다. 좀처럼 움직이지 않던 물가가 움직이기 시작한 것이다.

일본 소비자물가지수(전년대비 상승률)

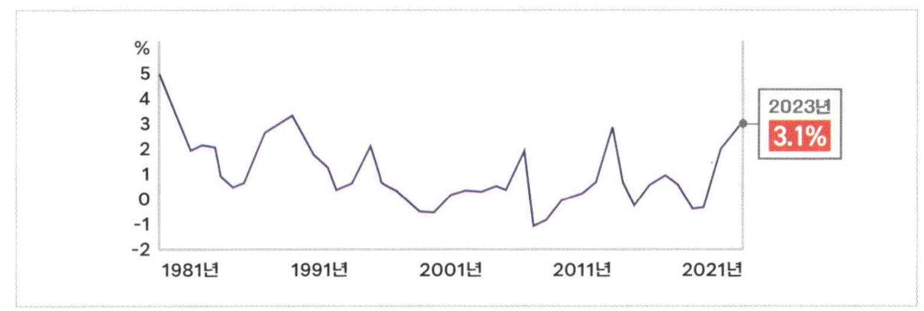

출처 : 일본 총무성

2021년부터 상승세를 보이기 시작한 일본의 소비자물가지수●는 2023년에는 전년대비 3.1%나 증가했다. 특히 연간 평균 상승률이 3%를 넘긴 것은 1982년 이후 처음 발생한 일로, 일본 경제에 있어 매우 이례적인 변화였다.

오랜 기간 저금리와 저성장 시대를 살아온 일본인들에게 갑작스러운 물가 상승은 당황스러운 일이었다. 특히, 생필품의 가격 인상은 체감 물가를 더 높이는 요인이 되었다. 사람들은 자신이 자주 구매하는 상품의 가격 변화에 민감하게 반응하는데, 이 때문에 소비자물가지수보다 실제 물가가 더 비싸다고 느낀다. 예를 들어, 1년에 한두 번 구매하는 상품보다는 지출 금액이 적더라도 구입 빈도가 높은 신선식품이나 생활용품의 가격 변동이 체감 물가에 더 큰 영향을 미치는 것이다.

● **소비자물가지수(Consumer Price Index, CPI)**
가구에서 일상생활을 위해 구매하는 상품과 서비스의 가격 변동을 측정하기 위해 작성한 지수

상품의 가격 변화

75세 준코 씨에게 물가 상승은 단순한 수치 변화가 아니었다. 오랫동안 요지부동이던 계란값이 어느 날 갑자기 급등한 것이다. 평소 260엔에 사던 계란 한 판이 어느새 330엔이 되었고, 그 작은 변화는 준코 씨 부부의 노후 생활 전반을 흔들어 놓았다. 은퇴 후 연금과 아들이 보내 준 약간의 돈으로 생계를 유지하던 준코 씨 부부는 예상치 못한 물가 상승으로 인해 결국 늦은 나이에 재취업할 수밖에 없었다.

준코 씨는 올해 슈퍼마켓에서 배달이라는 새로운 일을 시작했다. 과거에는 남편과 함께 사업을 운영하다가 9년 전에 은퇴했지만, 다시 취업의 길을 선택한 것이다. 은퇴 후, 그것도 이렇게 많은 나이에 다시 일하게 될 줄은 준코 씨 본인도 전혀 예상치 못했다.

준코 씨는 조심스레 다음과 같이 말한다.

물가 상승으로 인해 다시 일을 할 수밖에 없는 75세 준코 씨

"젊은 사람들에게 말하고 싶어요. 어느 시점에는 제대로 저축해야 한다고요. 만약 다시 돌아갈 수 있다면 10년 후, 20년 후, 30년 후를 계획하고 생활할 거예요."

이렇게 갑자기 오른 물가는 준코 씨의 노후를 앗아가 버렸다. 그동안 일본은 금리도 오르지 않고, 물가도 오르지 않았기 때문에, 준코 씨는 평생 금리에 대해 진지하게 고민해 본 적이 없었다. 하지만 이제는 다르다. 생의 후반부에 들어선 지금, 준코 씨는 비로소 금리를 이해해야 하는 상황에 직면한 것이다. 금리가 드디어 움직이기 시작했기 때문이다.

04 금리의 영향
금리가 바꾸는 삶

이렇게 물가는 다양한 요인의 영향을 받아 복잡하게 움직인다. 그런데 우리가 저축하거나 대출받을 때 적용되는 금리에도 물가가 반영된다는 사실을 알고 있는가?

예를 들어, 당신이 은행에 연 3.5%의 금리로 예금했다고 가정해 보자. 과연 이자 3.5%는 온전히 나의 수익이 될 수 있을까? 그렇지 않다. 3.5%에서 물가상승률을 제외한 금액만이 내가 실제로 얻는 진짜 이익이다.

은행 약정 이율 : 3.5%

물가상승률 : 2%

실질금리 : 은행 약정 이율(3.5%) - 물가상승률(2%)=1.5%

즉, 물가상승률이 2%라면 실질금리는 1.5%가 된다. 이때, 물가를 반영하여 실제 취하게 되는 이율을 실질금리, 내가 은행과 약정한 이율을 명목금리라고 부른다.

예금 1억 원을 연 3.5%의 금리로 은행에 맡겼다고 가정해 보자. 그러면 1년 뒤에는 3.5%에 해당하는 350만 원의 이자를 받을 것으로 기대할 것이다. 하지만 물가상승률이 2%라면, 350만 원 중 물가 상승으로 인한 가치 감소분인 200만 원을 제외해야 한다. 결국 실질적으로 손에 쥐는 이자는 150만 원에 불과하다.

- **실질금리(Real interest rate)**
  물가상승률을 고려하여 계산된 금리를 의미한다. 이는 명목금리에서 물가상승률을 차감한 값으로, 실제 구매력 변화와 경제적 이익을 평가하는 데 중요한 지표로 사용된다.
- **명목금리(Nominal interest rate)**
  물가상승률과 같은 요인을 고려하지 않은 상태에서 명시적으로 표시된 금리를 의미한다. 즉, 대출, 저축, 채권 등에서 공시된 금리로, 실질적인 구매력 변화는 반영되지 않는다.

반대로 대출을 받을 때도 실질금리를 고려해야 한다. 1억 원을 명목금리 3.5%로 빌리면 1년에 350만 원의 이자를 지불해야 하지만, 물가상승률이 2%라고 가정하면, 실제로 부담하는 이자 가치는 150만 원 수준에 불과하다.

다트머스대학교 경제학과 교수 앤드루 레빈은 실질금리와 물가상승률의 상관관계를 다음과 같이 이야기한다.

> "사람들은 모든 금리가 다 진짜라고 생각하지만, 경제학자가 말하는 실질금리는 생활비 변화에 따른 금리를 의미합니다. 미국에서는 현재 생활비가 연 4~5% 정도 상승하고 있기 때문에 이자율 5%는 사실상 그리 높은 금리가 아니라고 할 수 있습니다."

하지만 우리는 이러한 사실을 일상에서 체감하지 못한 채 살아간다. 실제로 〈돈의 얼굴〉 제작진이 만난 시민들 역시 명목금리와 실질금리의 차이를 잘 알지 못하는 경우가 대부분이었다. 그러나 실질금리를 제대로 알지 못한 채 섣불리 돈을 빌리게 되면, 나중에 예상치 못한 경제적 어려움에 빠질 수도 있다. 당장 명목금리가 낮다고 해서 마음 놓고 돈을 빌리면 어떻게 될까?

저금리의 함정

일본뿐만 아니라 전 세계적으로도 저금리 시대가 이어졌다. 2016년 일본이 마이너스 금리 정책을 도입한 그해, 우리나라의 기준금리는 1.25%로

역대 최저치를 기록하며 초저금리 시대의 서막이 올랐다. 미국의 경우 같은 해 1월 기준금리가 0.50%에 불과해 우리나라보다도 낮은 수준을 유지하고 있었다. 이는 2008년 글로벌 금융위기 이후 각국이 경기 부양을 위해 금리를 지속적으로 낮춰 온 결과였다.

저금리 시대. 쉽게 대출을 받을 수 있는 시대라는 뜻이기도 하고, 실제로도 그랬다. 오래 지속되는 현상은 일상이 된다. 미시간주립대학교 지방재정학센터장 에릭 스콜손은 그 점을 지적한다.

> "지난 8~10년 동안 이자율이 매우 낮았고 사람들은 그것에 익숙해져 있었습니다. 사람들은 돈의 운영 방법에 대한 새로운 습관이 생겼어요. 신용카드 이자율도 낮고, 모기지(주택담보대출) 이자율도 낮고, 자동차 구매 이자율도 낮으니까, 결과적으로 돈을 더 빌리게 된 거죠."

전 세계적인 저금리 시대는 이번이 처음이 아니었다. 2008년 글로벌 금융위기 역시 저금리가 불러온 결과였다. 1990년대 말부터 2000년대 초반까지 미국은 저금리 정책을 실시했고 그 결과 주택담보대출(모기지)이 급증했다. 특히 신용등급이 낮은 이들에게까지 대출해 주면서 서브프라임 모기지• 사태로 확산됐다. 2008년 금융위기가 심화되며 금리는 더 하락했고, 이후 경제가 다시 안정되던 2010년에 와서야 회복세를 보이기 시작했다.

• **서브프라임 모기지(Subprime Mortgage)**
2007년 미국에서 발생한 금융위기 사건으로, 미국의 주택담보대출 중 서브프라임 모기지(신용점수 620점 이하의 비우량 등급 고객을 대상으로 하는 부동산 담보대출)가 부실화되면서 발생했다.

이후 2019년까지 안정적인 금리를 유지하던 미국은 코로나 팬데믹을 기점으로 2023년 5월까지 지속적으로 금리를 인상했고, 우리나라도 2023년 1월까지 연속해서 금리를 인상했다.

그렇다면 저금리 시대에 명목금리만 믿고 대출을 받았던 사람들은 어떻게 됐을까?

이자의 마법

직장인 유튜버 '퇴근하는제이'는 이른바 '채무변제' 콘텐츠를 제작하며 많은 이들의 공감을 얻고 있다. 그녀는 자신이 대출을 받게 된 배경부터 대출로 인해 겪었던 경제적·심리적 어려움, 그리고 이를 상환해 가는 과정을 진솔하게 공유하고 있다.

그녀가 첫 대출을 받은 시점은 저금리가 정점이던 2016년이었다. 처음 토지담보대출 3억 3천만 원을, 이어서 신용대출 약 6천만 원을 추가로 받으며, 약 4억 원의 부채를 지게 되었다. 당시 분위기를 전하는 그녀의 이야기에서 저금리 시대의 인식이 여실히 드러난다.

> "그때는 금리 인상 얘기가 아예 없던 때였어요. 금리가 낮았기 때문에, '대출받아서 투자를 안 하면 바보다'라는 말도 많이 나왔거든요."

그랬다. 당시 많은 사람들이 대출을 가볍게 여겼다. 실제로 큰 금액을 빌려도 이자가 적었기 때문이다. '퇴근하는제이' 역시 대출을 받을 당시 감당해야 할 월 이자가 100만 원 정도였고, 직장인으로서 이 정도 금액은 충분히 감당할 수 있다고 생각했다.

그러나 상황은 급격히 달라졌다. 금리가 갑자기 인상되면서 그녀가 매달 부담해야 하는 이자는 200만 원을 넘어섰고, 결국 대출받았던 것을 후회하며 이렇게 되뇌었다. '이렇게까지 이자가 오를 줄 알았다면 대출을 받지 않았을 텐데….'

퇴근하는제이의 월 지출 이자 변동 내역

	금리 인상 전	금리 인상 후
대출1	379,167원	632,667원
대출2	633,333원	951,667원
대출3	94,302원	185,383원
대출4	100,042원	233,625원
총합	1,206,844원	**2,003,342원**

일본의 준코 씨가 물가 상승을 생각하지 못했던 것처럼, '퇴근하는제이'도 금리 상승을 전혀 예상하지 못했다. 그녀가 남긴 마지막 말은 금리를 대하는 우리의 태도에 중요한 통찰을 제공한다.

"빚은 미래의 내 삶을 당겨오는 거예요. '미래의 내가 어떻게든 해결해 주겠지'라는 생각을 했던 것 같아요. 금리는 항상 그 자리에 있을 것이라는 생각을 무의식적으로 했던 것 같아요."

하지만 금리는 그 자리에 머물러 주지 않는다. 나의 사정을 봐주지도 않고, 잠시 멈춰 주지도 않는다. 금리는 시장의 법칙에 따라 끊임없이 변화한다. 어떠한 따뜻한 배려도 없이 차갑고 냉정하게 움직인다.

어긋난 저금리의 최후

여기 움직이는 금리의 틈새를 파고든 이들이 있었다. 바로 저금리를 악용한 범죄 조직이다. 그들은 저금리를 이용해 언제까지나 범죄를 저지를 수 있다고 착각했던 것일까? 그들의 범죄로 인해 피해를 본 것은 선량한 서민들이었다. 생사의 갈림길에 선 피해자들은 절박한 목소리로 자신의 얼굴이 드러나는 것도 개의치 않은 채 세상을 향한 발언대에 섰다.

"범죄 조직을 처벌하라, 처벌하라!"

"이렇게 선량하게 살아온 사람들의 편을 들어주어야 하는 게 국가입니다."

"이 나라에 묻습니다. 피해자를 위한 나라입니까? 아니면 가해자를 위한 나라입니까? 저는 이해할 수가 없습니다. 더 강한 처벌이 필요합니다. 전세사기 피해로 돌아가신 분들 대다수가 청년입니다."

2023년 7월 10일, 인천지방경찰청 전세사기범 일당 전원에 대한 수사 확대를 촉구하는 기자회견에 참가한 피해자들의 목소리다. 온 나라를 충격에 빠뜨린 '전세사기 사건'은 저금리 환경을 악용한 범죄로, 피해자들에게 심각한 경제적·사회적 손실을 안겼다.

인천광역시 미추홀구의 한 빌라 단지. 주민들은 조용하고 친절한 이웃 주민들 덕분에 오랫동안 살고 싶은 동네였다고 말한다. 그런데 그 친절한 이웃 주민들 모두가 한순간에 전세사기의 피해자가 되었다. 안상미 인천 미추홀구 전세사기 피해 대책위원회 위원장의 피해액은 7,560만 원. 20평대 아파트가 10억씩 하는 시대에 무슨 큰돈이냐 할 수 있겠지만, 그녀에게는 피땀 흘려 모은 전 재산이었다.

전 재산도 모자라 대출받은 돈까지 잃은 피해자도 부지기수다. 강민석 대책위원회 동대표의 피해 금액은 약 2억 원. 이 중 50%가량은 대출이다. 남은 돈도 강민석 씨 부부, 자녀들까지 온 가족이 아등바등 모아 온 돈이다. 대체 어떻게 이런 일이 가능했을까?

사기 가해자는 인천과 경기 일대에 2,700여 채의 주택을 소유하고 있었다. 빌린 명의로 빌라나 아파트를 지은 뒤 전세를 놓아 보증금을 받으면 그 돈으로 또 집을 짓고, 다시 이 집을 담보로 대출을 받아 또 짓고를 반복한 것이다. 그 비뚤어진 욕망의 수레바퀴에 깔려 서민들의 피 같은 전세자금은 날아가 버렸다. 이것은 저금리 시대가 만들어 낸 비극이었다. 저금리 시대가 아니었다면 불가능한 일이었을 것이다.

수백 명의 인생을 앗아간 이 건축업자는 결국 법정에서 15년형을 선고

받았지만, 수백 명의 피해자가 평생 고통 속에 살아갈 것을 생각하면 충분치 않다고 할 만한 형량이다. 피해자들의 절망 어린 자조는 '돈'에 대해 다시금 생각해 보게 한다.

"안 입고, 안 쓰고, 모으고 모아서 저축해 놨는데 한순간에 이렇게 사라져 버리니까…. 아, 이걸 열심히 모아서 살 필요가 있나 싶어요."

"지금은 전혀 궁금하지 않아요. 돈에 대해서 궁금하지 않아요. 하나하나 다 걱정하다 보면 스트레스에 잠을 못 이룰 거 같아서, 지금은 다 내려놓고 하루하루 살고 있는 듯한 느낌이에요."

이자는 이렇게 단순히 매달 내는 돈, 혹은 매달 받는 돈이 아닐 수 있다. 때로는 사람을 살리고, 또 죽일 수 있는 무기가 될 수도 있다.

COLUMN

시간의 가격, 금리

『돈의 얼굴』 2부를 통해 숫자에 불과한 금리가 시간에 매겨지는 가격으로서 인간의 삶을 얼마나 깊이 파고드는지 절절히 느끼게 된다. 지난 저금리 시대 동안 사람들은 대출에 관대해졌다. 은행도, 투자자도, 소비자도 마찬가지였다. 돈이 싼 시대에 대출은 '기회'이자 '능력'으로 포장되었고, 빚을 무기처럼 들고 미래를 거래했다. 하지만 그 숫자는 고정되어 있지 않다. 금리는 움직인다. 그리고 어느 순간, 그 금리의 방향이 바뀌면 이자는 배신처럼 다가온다.

세계에서 가장 긴 초저금리 시대를 살아온 일본 국민들은 이제서야 '금리'라는 존재를 체감하고 있다. 30여 년간 0%대의 성장과 물가 속에서 살아온 세대는 돈의 가치, 이자의 개념, 물가 상승의 실질적 충격에 무감각해졌다. 그러나 최근의 물가 상승은 그들로 하여금 은퇴 이후에도 다시 일터로 나서게 만들었다. 금리와 물가가 동시에 움직일 때, 사람들의 생활은 갑작스러운 변화에 노출된다. 튀르키예 중앙은행의 이념에 경도된 잘못된 금리 정책은 경제를 잘되게 하기는 힘들어도 망가뜨리기는 쉽다는 사실을 일깨워 줬다. 이 모든 사례가 말해 주는 바는 명확하다. 금리는 단지 경제 지표가 아니다. 그것은 삶의 무게 중심을 옮기는 보이지 않는 지렛대다.

따라서 '이자를 내는 사람'과 '받는 사람'이 공정한 게임을 하기 위해선, 모두가 금리에 대해 충분히 이해하고 있어야 한다. 그러나 현실은 그렇지 않다. 많은 사람들이 실질금리와 명목금리의 차이나 단리와 복리의 개념조차 모른 채 결정적인 금융 선택을 하고 있다. 이 책은 단지 이자와 금리의 구조를 설명하는 데 그치지 않는다. 그것은 숫자와 수식 뒤에 숨어 있는 인간의 삶과 감정을 끌어낸다. 이자는 누군가에게는 축적의 수단이지만, 또 다른 누군가에겐 파산의 문턱이 된다. 결국 이자의 무게는 숫자보다 무겁다. 그리고 우리는 그 무게를 어떻게 견딜 것인지, 어떤 선택을 할 것인지 끊임없이 스스로에게 물어야 한다.

연세대학교 상경대학 경제학부 교수

최상엽

“돈아….
넌 왜 이 세상의
주인이 됐니?”

한 전세사기 피해자의 이야기 中

3부

인플레이션의 정체

“인플레이션은
까다롭다.
우리의 ‘추적 능력’을
엉망으로 만든다.”

조나단 파커 / MIT 경영대학원 금융경제학과 교수

내 월급,
진짜 오른 걸까?

부산의 한 작은 제조회사. 이곳의 직원들은 언제나 그랬듯 오늘도 묵묵히, 성실히 일하고 있다.

하지만 이상하게도, 일한 만큼의 대가는 돌아오지 않는다. 하루하루 일은 계속되지만, 생활은 점점 더 팍팍해지고 있다.

"그때는 월급이 지금의 절반 정도밖에 안 됐는데도 그 또한 저금하면서 살았던 것 같아요. 지금은 월급이 배로 많은데도 거의 저금을 못 하고 산다는 거?"

"물가가 너무 오르다 보니까 그런 거 같아요. 근데 물가보다는 사실 월급이 많이 안 오르니까…. 진짜 옛날이 더 나았던 거 같아요."

"당시 월급이 한 80만 원쯤 됐던 걸로 기억이 나는데요. 이때가 오히려 더 행복했던 거 같아요."

월급이 지금의 절반이었지만 저축하고 살던 시절. 반면 월급은 올랐음에도 팍팍하기만 한 현재. 당신은 언제가 행복했다고 느끼는가? 당신은 돈을 모으고 있는가? 아니면, 그저 버티고만 있는가?

01 인플레이션의 정체

물가는 왜 오르나?

코로나 팬데믹 기간 지속된 초저금리 행진은 팬데믹 이후의 수요와 공급 균형에 큰 균열을 가져왔다. 초저금리 정책은 전 세계적으로 시장에 막대한 유동성을 공급하는 결과를 초래했다. 그렇다면 이렇게 시중에 돈이 많이 풀리면 어떤 일이 발생할까?

생산량보다 화폐량이 빠르게 늘어나면 인플레이션이 발생한다. 반면, 화폐를 무한히 발행하더라도 생산량이 같은 속도로 늘어난다면 물가는 오르지 않을 것이다. 다시 말해, 구매할 수 있는 재화와 용역의 양, 즉 생산량이 화폐량과 같은 속도로 증가한다면 물가는 안정적으로 유지된다. 그러나 현실적으로 생산량은 무한히 늘어날 수 없기 때문에, 시중에 돈이 많이 풀리면 인플레이션이 일어날 수밖에 없다.

게다가 코로나 팬데믹 이후 경제가 회복되면서, 사실상 멈추거나 주춤했던 세계 곳곳의 여러 산업에서 인프라 투자, 건설 프로젝트 등 크고 작은 경제 활동을 재개했다. 이에 따라 원자재의 수요도 급증했지만, 공급이 이를 따라하지 못해 원자재를 안정적으로 확보하기 어려워지면서 원자재 가격이 천정부지로 올라갈 수밖에 없었다. 살인적인 인플레이션이 시작된 것이다.

팬데믹 이후, 세계 곳곳의 인플레이션

그렇다면 물가가 얼마나 올랐는지는 어떻게 알 수 있을까? 그 답은 물가상승률에 있다. 물가상승률•은 전년대비 물가가 얼마나 상승했는지를 보여 주는 지표이다.

코로나 팬데믹 이후 세계 각국의 물가상승률은 2022년 기준 미국 7.99%, 일본 2.5%, 우리나라 5.09%, 영국 9.07%, 싱가포르 6.12%, 튀르키예는 무려 72.31%를 기록했다.

- **물가상승률(Inflation rate)**
  일정 기간 동안 상품과 서비스의 평균 가격이 얼마나 상승했는지를 나타내는 지표

미국 물가상승률

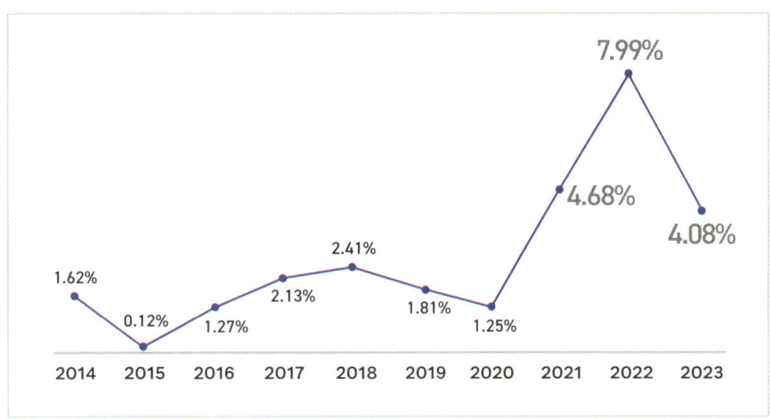

출처 : IMF 「World Economic Outlook」

일본 물가상승률

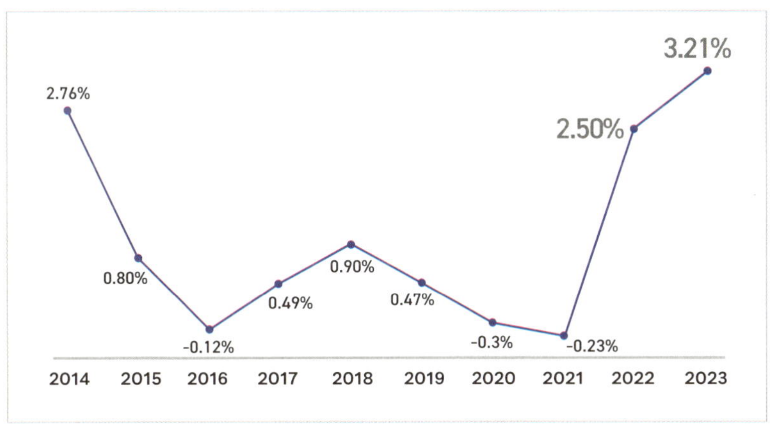

출처 : IMF 「World Economic Outlook」

대한민국 물가상승률

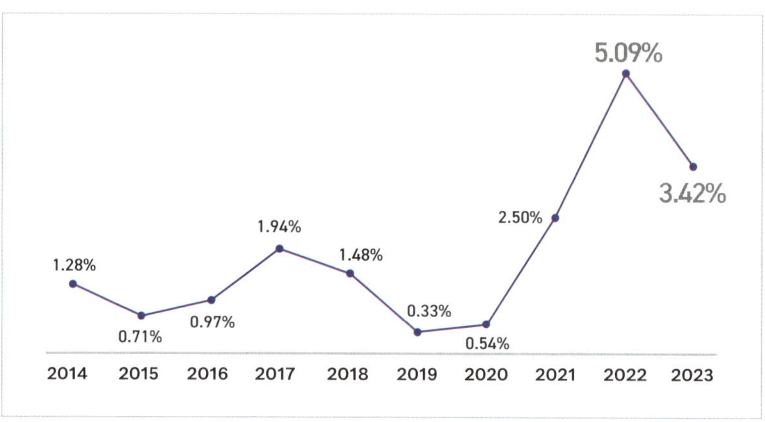

출처 : IMF 「World Economic Outlook」

영국 물가상승률

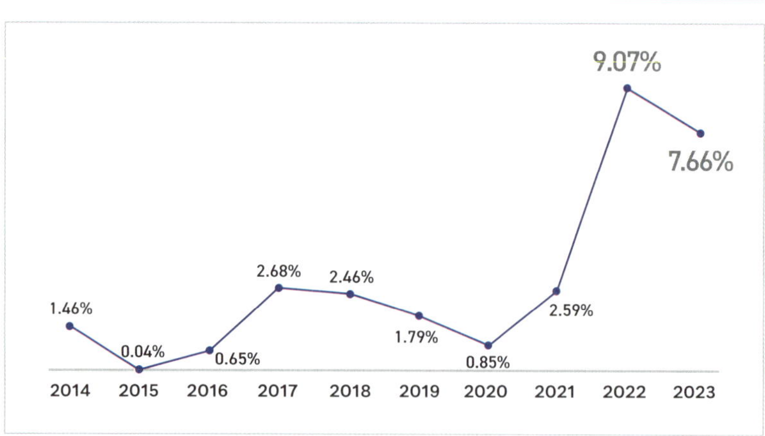

출처 : IMF 「World Economic Outlook」

싱가포르 물가상승률

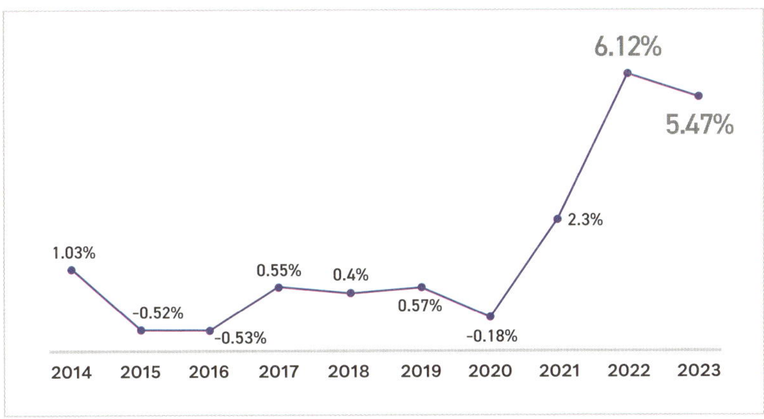

출처 : IMF 「World Economic Outlook」

튀르키예 물가상승률

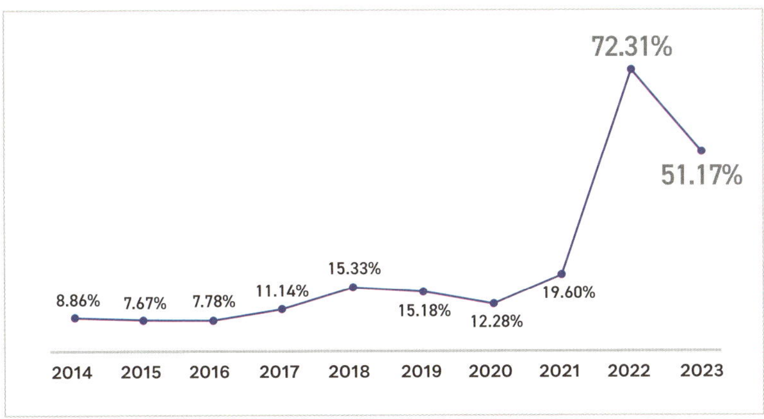

출처 : IMF 「World Economic Outlook」

그렇다면 인플레이션은 '화폐'가 있어야만 발생하는 현상일까? 화폐가 없던 시절에는 인플레이션이 존재하지 않았을까? 이와 관련하여 벨파스트퀸즈대학교 경영대학 재무학과 교수 존 터너는 저명한 화폐경제학자 밀턴 프리드먼이 했던 '인플레이션은 언제나, 어디서나 화폐적 현상이다'라는 말을 빌려 다음과 같이 이야기한다.

"이 말의 뜻은 물물교환을 할 때에는 인플레이션이 없었다는 말입니다. 돈이 있을 때만 인플레이션이 있는 것이죠. 인플레이션은 돈의 전유물입니다."

그렇다. 돈이 있기에 인플레이션이 발생하며, 우리는 '돈'의 변화를 통해 인플레이션을 실감한다. 그렇다면 당신은 언제 물가가 올랐다고 느끼는가? 아마도 늘 구매하던 물건을 더 비싼 가격에 살 때 물가 상승을 실감할 것이다. 그리고 이렇게 혼잣말을 할 것이다.

"계란값이 왜 이렇게 올랐어?"
"당근이 왜 이렇게 비싸지?"

하지만 물건값이 올랐다고 느끼기는 쉽지만, 돈의 가치가 하락하는 것은 직접 체감하기 어렵다. 인플레이션이 발생하면 우리 화폐, 즉 원화의 가치가 떨어지는 것인데 말이다.

"인플레이션이란 국내에서 원화의 가치가 하락하는 것, 즉 원화로 살 수 있는 물건이 줄어드는 것입니다.
식당에 가면 한 끼 식사하는 데 더 많은 원화를 지불해야 하고, 자동차를 사는 데에도 더 많은 원화를 지불해야 하고, 이발하는 데에도 더 많은 원화를 지불해야 합니다. 즉, 살 수 있는 모든 것을 사는 데 있어서 원화의 가치가 떨어지는 것이죠."

조나단 파커(MIT 경영대학원 금융경제학과 교수)

즉, 인플레이션은 동일한 금액으로 구매할 수 있는 상품의 양이 줄어드는 현상을 의미한다. 이를 더 쉽게 이해하기 위해 맥도널드 햄버거를 예로 들어 보자. 1960년에는 45센트로 햄버거 한 개를 살 수 있었는데, 1980년에는 같은 금액으로 햄버거의 1/3, 2000년에는 1/5, 2024년에는 겨우 1/12 조각만 먹을 수 있다.

M사 버거 가격 변화

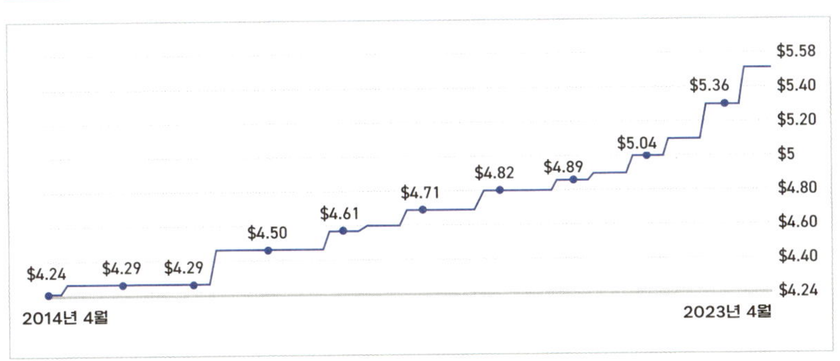

출처 : The Economist

같은 돈인데, 시간이 지날수록 살 수 있는 건 점점 작아지고 있다. 이것이 바로 돈의 가치가 줄어든다는 것, 인플레이션의 진짜 얼굴이다.

구매력이 감소하면 소비자의 만족도 역시 하락할 수밖에 없다. 결국, 임금보다 빠르게 증가하는 인플레이션은 우리의 실질적인 경제적 행복지수를 떨어뜨리고, 삶의 질에도 부정적인 영향을 미치게 된다.

02 인플레이션의 영향
인플레이션이 바꾸는 우리 삶

그렇다면 우리는 지금 벌고 있는 돈과 인플레이션의 상관관계를 제대로 인지하고 있을까? 월급은 분명 올랐는데, 왜 이렇게 삶은 더 팍팍하게 느껴질까? 심지어 인플레이션은 시중에 화폐량이 증가할 때 발생하는 현상인데 말이다. 세상에 돈이 그렇게 많아졌다면서 왜 내 손에 들어오는 돈은 늘 부족한 걸까? 아니, 왜 들어왔다 해도 어쩌다 순식간에 사라져 버리고 마는 걸까? 이런 질문들이 머릿속을 떠나지 않는다.

우리와 비슷한 삶을 사는, 평범한 소시민들의 이야기를 들어 보면 이런 현상을 좀 더 쉽게 이해할 수 있다. 거대한 세계 경제의 흐름 속에서 우리는 얼마나 벌고, 또 얼마나 쓰며 살아가고 있을까?

일하고 있는 성광테크 직원들

부산에 위치한 연 매출 26억 원의 작은 방열복 제조회사인 성광테크. 이곳에서는 23명의 직원이 마치 가족처럼 어울려 직장생활을 하고 있다. 돈에 대한 그들의 생각을 들어 보자.

"돈은 제 삶이죠."

"돈 따러, 돈 벌러 회사 오죠."

"돈은 매개체예요. 제가 힘도 있고 경험도 있다면, 회사에서 제 힘과 경험을 돈으로 바꿀 수 있어요. "

"돈아, 도망가지 마라."

이렇게나 간절하게 돈을 잡고 싶어 하는 소시민들의 손에 이상하리만치 돈이 잡히지 않는다. 그렇게나 많이 풀리고, 찍어 냈다는 돈이 말이다.

그렇다면 이들은 인플레이션 시대를 어떻게 견디며 살아가고 있을까?

쉬는 시간마다 이들의 단골 화제는 언제나 물가 이야기다. 김장을 앞두고 치솟는 물가에 걱정이 앞서는 이들이다. 그들이 살길은 더 저렴한 물건과 서비스를 찾는 것이다. 끊임없이 저렴한 야채를 찾아 헤매고, 고춧가루를 조금이라도 저렴하게 빻을 수 있는 방앗간을 물색하고, 주변 사람들과 정보를 나누며 가격을 비교하는 데 열중한다. 혹시라도 내가 알아본 것보다 더 싼 곳이 있을까 싶어서 말이다.

이들의 머릿속은 늘 가격을 가늠하고 계산하느라 바삐 돌아간다. 다른 사람들의 정보를 받아들이며 현실을 바라보지만, 점차 혼란스러워진다.

"올해 고추가 비싸다고 하던데?"

"생각보단 안 비싸."

"비싸다던데?"

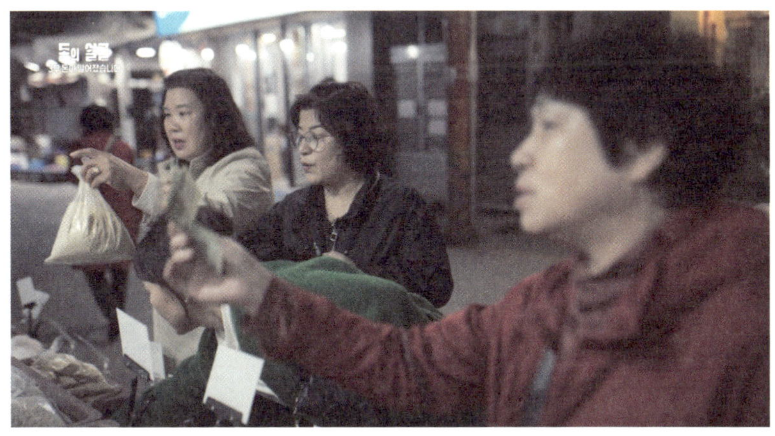

장을 보고 있는 성광테크 직원들

야무지게 가격을 따져 가며 물건을 구입하는 K-아줌마들조차 혼란에 빠지게 만드는 존재, 그것이 바로 인플레이션이다. 인플레이션이 심화되면 사람들은 자신이 물건을 구매할 때 정확히 얼마를 더 지불하는지 파악하기가 어려워진다.

"전도 많이 올랐다."

"이건 얼만데요?"

"만 원이요?"

"왜 이거 자꾸 올라요? 난 오천 원인 줄 알았다."

성광테크 직원들이 장을 보며 상인들과 나눈 대화이다. 평소 우리는 장을 볼 때 바가지를 씌우면 금세 눈치채고, 덤을 받을 수 있을지, 얼마나 깎을 수 있을지 상인들과 밀고 당기기를 한다. 하지만, 인플레이션이 심해지면 그러한 감각마저 흐려진다. 인플레이션이 우리의 현실 감각을 왜곡시키는 것이다.

MIT 경영대학원 금융경제학과 교수 조나단 파커는 그런 인지력을 '추적 능력'이라 명명한다.

"인플레이션은 까다롭습니다. 우리의 '추적 능력'을 엉망으로 만들죠. 우리가 그걸 추적하는 방법은, 구매하는 물건의 가격을 모니터링하고 가격이 올라갈 때 실제로 그것을 느끼는 것입니다.

저는 쇼핑할 때 모든 물건의 대략적인 가격을 머릿속에 떠올립니다. 어떤 물건이 비싸 보이면 사지 않고, 저렴해 보이면 두 개를 사죠.
인플레이션이 심하지 않아서 가격이 안정적일 때는 이런 방식이 잘 작동하는데, 인플레이션이 심할 땐 이 지표가 잘 작동하지 않습니다."

인플레이션이 발생하면 특정 물건이 고가인지 저가인지 판단하기가 점점 어려워지고, 인플레이션이 심해질수록 그 파악이 더욱 복잡해진다. 파커 교수는 이 같은 현상을 길이를 측정하는 방식에 비유하여 설명한다. 예를 들어, 1피트나 1미터에 대한 정의가 매달 바뀌고, 길이 측정 방식과 신발 사이즈가 계속 변한다면, 그 신발이 큰 것인지 작은 것인지 알기 어려워지는 것과 같은 원리라는 것이다.

즉, 인플레이션 상황에서는 끊임없이 오르는 과일값, 달걀값, 생선값 등을 체크하며 '추적 능력'의 더듬이를 발달시켜야 한다. 인플레이션이 발생할 때마다 우리의 '추적 능력' 감각은 영점을 재조정해야 하며, 그 과정에서 해야 할 일은 늘어나고 부담해야 할 비용도 증가한다.

오랫동안 가격을 추적해 온 시간이 모이면 그것은 곧 한 소비자의 인생이 된다. 우리는 모두 살아온 시간만큼 길고 짧은 물가 그래프를 그리며 살아간다. '엄마 어릴 때는 아이스크림이 50원이었어'라는 말처럼, 50원이 100원이 되고, 100원이 200원, 200원이 400원, 400원이 1,000원이 되도록, 우리의 물가 그래프는 우상향하고 있다.

인플레이션과 소득
내 월급, 얼마나 올랐나?

끊임없는 물가 상승과 코로나 팬데믹 이후 급격한 인플레이션 속에서도 우리가 묵묵히 버틸 수 있었던 이유는 적게나마 소득도 함께 오르고 있었기 때문일 것이다.

과연 내 월급은 진짜 오른 것일까? 물가가 더 올랐다면 실질적으로 내 월급은 오히려 감소한 것과 다름없지 않을까? 스탠퍼드대학교 경영대학원 재무학과 교수 대럴 더피는 이러한 상황을 경계해야 한다고 경고한다.

"당신이 직장에서 월급 1만 달러를 받고 있다고 해 봅시다. 거기에서 2% 더 인상되었다면, 기뻐해야 할까요? 아마 아닐 것입니다. 인플레이션이 2%보다 높으니까요. 많은 사람들이 인플레이션이 그들의 경제적 안녕을 저해하고 있다는 사실을 간과하고 있습니다."

그렇다면 내 월급과 인플레이션 사이의 상관관계를 어떻게 파악할 수 있을까? 즉, 내 소득이 인플레이션에 비해 실제로 얼마나 오른 것인지 계산할 수 있는 방법이 있을까? 이에 대한 해답은 명목임금과 실질임금이라는 개념을 통해 찾을 수 있다. 하지만 〈돈의 얼굴〉 제작진이 만난 대부분의 시민은 그 개념을 제대로 알지 못하거나, 심지어 관심이 없다는 반응을 보이기도 했다. 실제 시민들의 목소리를 들어 보자.

"처음 들어봐요."

"명목임금은 우리가 받고 싶어 하는 월급이 아닐까요?"

"제가 은행원이긴 했지만 너무 오래전이라 느낌으로는 알겠지만, 말로 표현하기가 조금 좀 어려운 것 같아요."

"명목임금이 기본 월급이에요? 실질임금은 잔업수당을 포함한 건가요?"

이렇게 대다수의 열심히 일하는 시민들이 자신의 월급이 실제로 얼마나 올랐는지, 그리고 실질임금이 무엇을 의미하는지 제대로 파악하지 못하고 있었다.

그렇다면 명목임금•과 실질임금•은 무엇일까? 명목임금은 명목 이자율과 같이 내가 받는 월급, 즉 액면 그대로의 금액을 의미한다. 예를 들어, 월급이 200만 원이라면 200만 원이 명목임금인 것이다. 반면 실질임금은 명목임금에 물가상승률이 반영된 임금을 의미한다.

우리는 실질임금이 얼마인지는 임금상승률을 통해 어렵지 않게 계산해 볼 수 있다.

예를 들어, A씨의 작년 월급이 200만 원이었고, 올해는 210만 원으로 인상되었다고 가정해 보자. 단순히 보면 명목임금 10만 원이 오른 것처럼 보인다. 실제로는 어떨까? 물가상승률이 2.3%라고 가정하고 실질임금 상승률•을 계산해 보자.

■ A씨의 월급 상승률 = 210/200 * 100 = 5%

■ 물가상승률 = 2.3%

∴ 실질임금 상승률 = 5% - 2.3% = 2.7%

- **명목임금(Nominal wage)**
  물가상승률이나 화폐 가치의 변동을 고려하지 않은 상태에서 명시된 임금의 액면 금액을 말한다.
- **실질임금(Real wage)**
  명목임금에서 물가상승률을 고려하여 실제 구매력을 반영한 임금을 말한다. 다시 말해, 실질임금은 현재 받는 임금으로 실제로 구매할 수 있는 상품과 서비스의 양을 나타낸다.
- **실질임금 상승률**
  명목임금 상승률에서 물가상승률을 뺀 값으로, 실제 구매력을 기준으로 임금이 얼마나 증가했는지를 나타내는 지표이다.

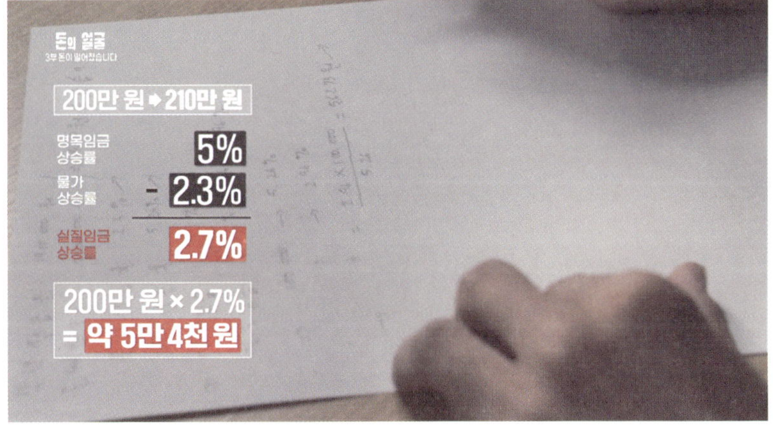

실질임금을 계산 중인 성광테크 직원들

한 달에 10만 원이 오른 줄 알았던 A씨의 임금은 200만 원의 2.7%인 5만 4천 원만 오른 것이다.

실질임금의 개념을 몰랐던 성광테크 직원들에게도 직접 실질임금을 계산해 보게 했다. 자신의 실질임금 상승률을 알게 된 성광테크 직원들은 어떤 반응을 보였을까?

A 10만 원 올랐으니까….

B 물가 2.3% 오른 거 빼고 계산하면….

A 한 3%?

B 한 5만 원 정도?

A 세금 떼면 3~4만 원 정도 되겠네.

B 좀 실망스럽네….

실질임금 상승률을 알게 된 성광테크 직원들은 하나같이 실망감을 감추지 못했다. 그간 이런 계산법도 모르고 단순히 월급이 올랐다고 기뻐했던 것에 허탈함을 느낀다고 했다.

고용노동부의 실질임금 통계에 따르면, 코로나 팬데믹 이전 간신히 마이너스를 면하던 실질임금 상승률이 급격히 하락하여 2023년에는 마이너스로 전환되었고, 2024년에도 여전히 마이너스를 기록하고 있다.

즉, 임금은 조금씩 상승했더라도 물가상승률이 이를 훨씬 웃돌아 실질임금은 오히려 떨어진 것이다.

이렇게 실질임금이 하락했음에도 불구하고, 단순히 월급이 올랐다는 사실만 보고 소득이 증가했다고 생각하는 이들이 많다. '왜 월급이 올랐는데도 이렇게 삶이 팍팍하지?'라고 되묻게 되는 이유이기도 하다.

근로자 실질임금 추이

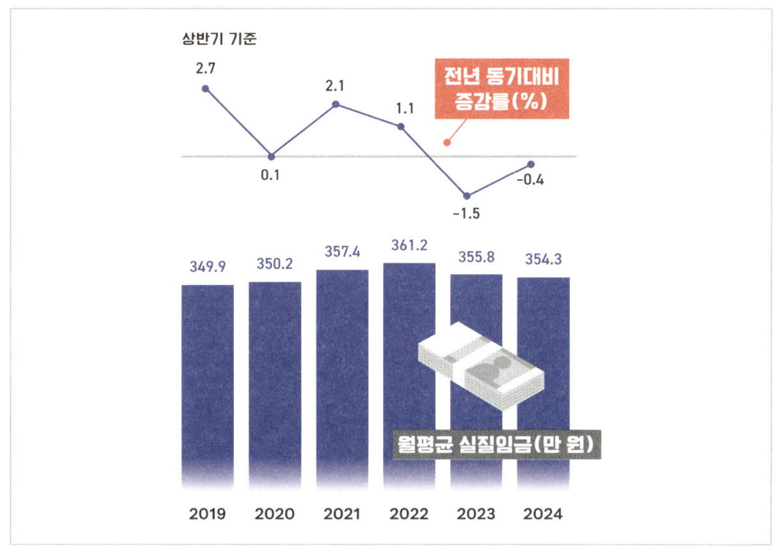

여기서 우리는 더욱 혼란스러워진다. 물가는 올랐지만, 월급도 오르긴 올랐으니 물가 상승이 없다고 봐야 할까? 아니면, 월급과 물가 상승의 차이를 따져 올랐는지 오르지 않았는지를 판단해야 하는 걸까? 이러한 판단에 있어 많은 이들이 빠지기 쉬운 착각을 화폐착각●이라 부른다.

하버드대학교 케네디스쿨 연구교수 폴 터커는 화폐착각에 대해 다음과 같이 이야기한다.

● **화폐착각(Money illusion)**
사람들이 화폐의 액면가에만 집중하고, 그로 인해 실질가치(실질 구매력)를 제대로 평가하지 못하는 심리적 현상

"화폐착각이란 통화량이 늘어나면서 사람들 사이에서 마치 경제가 성장하고 있다는 착각이 생기는 현상입니다. 사실은 시장에 돈이 더 많이 풀려 물가가 오른 것뿐인데도, 사람들은 이를 긍정적인 변화로 오해하죠. 그것은 단지 인플레이션일 뿐인데 말이죠.
만약 화폐착각이 발생해서 가격이 급격히 오르면, 통화 가치의 하락과 구입한 물건 가격의 변동을 분리하기가 더더욱 어려워집니다."

이렇게 인플레이션은 진짜 소득을 인지하지 못하게 만들고, 실제 물건의 가치도 헷갈리게 한다. 많은 사람들이 돈의 실제 가치 변화와 인플레이션의 차이를 구분하지 못한다. 쉽게 말해, 인플레이션으로 인해 자산이 상승했음에도 불구하고(상황에 따라 다른 경우도 있지만) 일반적으로 자신의 부가 증가하고 있다고 착각하는 것이다.

예를 들어, 당신은 다음과 같은 상황에서 어느 쪽을 선택하겠는가?

A안)	vs	B안)
임금의 7% 삭감		임금 5% 인상, 인플레이션 12%

아마 대부분의 사람들은 B안을 선택할 것이다. 두 선택지의 실질임금이 얼마나 차이가 나는지 앞서 알아본 계산법을 적용해 보면, 한눈에도 A안과 B안의 실질임금 상승률이 같다는 것을 알 수 있다. 그렇지만 언뜻 보기에는 A안을 선택하는 것이 더 손해처럼 느껴지는데, 이것이 바로 화폐착각의 대표적인 사례다.

우리는 본질적인 가치를 제대로 따져보지도 않은 채, 오랫동안 명목화폐 자체를 좇아왔으며, 지금도 좇고 있다.

인플레이션의 주체

그렇다면 우리의 삶을 팍팍하게 만들고 행복지수마저 떨어뜨리는 인플레이션은 과연 누가 일으키는 것일까? '시장'이 일으킨다고? 반드시 그런 것만은 아니다. 국가 역시 필요에 따라 인플레이션을 발생시키기도 한다.

인플레이션은 자연스럽게 시장에서 발생할 수도 있고, 국가의 정책에 따라 의도적으로 발생하기도 한다. 예를 들어, 저금리 상황에서는 시장 논리에 따라 시중에 돈이 많이 풀리게 되는데, 유동성이 증가하면 투자와 소비가 늘어나고 경기가 활성화되며 인플레이션이 발생하게 된다.

반면, 국가가 필요에 의해 의도적으로 발생시킨 인플레이션의 대표적인 예로는 코로나 팬데믹 시기에 이뤄진 대규모 화폐 발행을 들 수 있다. 당시 전례 없는 팬데믹 사태를 맞아 세계 각국 정부는 국민들의 치료와 경제적 피해 수습을 위해 막대한 자금이 필요했고, 이를 위해 많은 양의 화폐를 발행했다.

또한, 평상시 국가와 중앙은행은 기준금리를 조정하여 시중에 유통되는 자금의 양을 통제하면서 간접적으로 시장금리에 영향을 주는데, 중앙은행이 기준금리를 인하하면 시중은행에 더 많은 자금이 흘러가고, 그 결과 예금과 대출금리가 낮아진다. 이렇게 되면 가계와 기업의 자금 조달이 쉬워지며, 투자와 소비가 증가하고 실물경제가 활성화된다. 즉, 경제가 회복되는 것이다.

그러나, 경제 위기 상황에서는 중앙은행이 더 이상 기준금리를 내릴 수 없거나, 설령 내리더라도 시장금리가 정상적으로 하락하지 않는 경우도 있다. 이는 위급한 상황에 대비해 모두가 현금을 확보하려고 하면서 자금 수요가 급증하고, 돈의 값인 금리가 천정부지로 치솟기 때문이다. 이처럼 금리가 상승하면 은행은 제 기능을 하지 못하게 되고, 필요한 돈을 구하기 어려워진 가계와 기업은 파산과 부도 위기에 내몰리게 된다.

이런 상황에서 국가, 즉 중앙은행은 직접 나서서 시중은행이 보유한 채권이나 주식 등을 매입하고 그 대가로 자금을 지급한다. 이러한 방식으로 중앙은행이 시중은행으로부터 여러 자산을 매입해 직접 돈을 푸는 것을 양적 완화●라고 한다. 양적 완화는 예전에는 없던, 21세기에 탄생한 독특한 경제 활성화 방식이다.

양적 완화를 시행하면 시중에 풀린 자금으로 인해 가계와 기업이 전보다 더 낮은 금리로 더 많은 자금을 빌릴 수 있게 된다. 실제로 코로나 팬데믹 시기에 세계 각국이 경기 침체를 막기 위해 선택한 방식이 바로 이 양적 완화였다.

국가가 위기 상황에서 자금이 필요할 때 가장 먼저 떠올리는 방법은 세금이다. 도로·공공건물·지하철 건설, 복지혜택 등을 위해 평소에는 세금으로 예산을 마련해 왔다. 하지만 코로나 팬데믹 시기에는 이러한 방식이

● **양적 완화(Quantitative Easing, QE)**
중앙은행이 경기 부양을 위해 사용하는 통화 정책 중 하나로, 시중에 자금을 직접 공급하는 방식

불가능했다. 국민은 세금을 더 내기는커녕 지원금을 달라 아우성쳤고, 국가는 이를 외면할 수 없었다. 실제로 우리나라도 코로나 팬데믹 당시 국민들에게 코로나 지원금을 지급한 바 있다.

그렇다면 정부는 세금을 거두지 않았음에도 어떻게 그 막대한 자금을 마련할 수 있었을까? 그 답은 매우 간단하다. 바로 화폐 발행이다. 전문가들은 이러한 화폐 발행 행위가 실질적으로 세금과 다를 바 없다고 지적한다.

> "화폐를 발행할 수 있다면 적어도 단기적으로는 세금을 징수할 필요가 없습니다. 그런 의미에서 화폐 발행은 일종의 세금입니다."
>
> 폴 터커(하버드대학교 케네디스쿨 연구교수)

화폐를 발행하면 국가는 국민의 저항 없이 자금을 마련할 수 있고, 국민은 세금을 더 내지 않고도 다양한 혜택을 받게 된다. 그런데 이것이 과연 서로에게 긍정적인 결과만 가져올까? 화폐 추가 발행으로 인한 대가는 없을까? 당연히 있다.

화폐가 과도하게 발행되면 시중의 돈이 과잉공급되어 다시 화폐 가치가 하락하고 인플레이션이 발생한다. 소득은 그대로인 상황에서 화폐 가치가 하락하면 가계의 구매력이 줄어들어 소비가 위축되고, 기업은 원자재 가격 상승으로 인해 수익성에 타격을 입게 된다.

결국 세금을 내지 않고 받은 혜택은 고스란히 '실질소득 감소'라는 부메랑이 되어 우리에게 돌아오게 된다. 다시 말해, 세금은 내지 않았지만 인플레이션 자체가 세금의 역할을 한다는 것이다. 뉴욕대학교 경제학과 교수이자 2011년 노벨경제학상 수상자 토마스 사전트도 이러한 점을 명확히 지적한다.

> "인플레이션은 일종의 세금입니다. 연간 인플레이션율이 10%라면 이 지폐의 가치는 10% 낮아지는 것입니다. 그러므로 이 지폐를 가진 사람들은 모두 10% 세금을 낸 셈이죠. 국회는 세금을 걷으려 애쓸 필요 없이 세금을 걷은 효과를 보게 되는 것입니다."

우리는 화폐가 많아지는 것이 무조건 좋은 일만이 아님을 기억해야 한다. 국가가 경제 위기를 극복하기 위해 내리는 결정이 장기적으로 어떤 영향을 미칠지, 그 속에서 우리가 무엇을 경계하고 지켜야 하는지에 대한 깊은 고민이 필요한 시점이다.

04 인플레이션의 역사
인류의 역사를 바꾼 인플레이션

인플레이션은 언제부터 인류를 지배해 왔을까? 인류 역사 내내 인플레이션은 존재해 왔고, 때로는 역사의 흐름을 송두리째 바꾸는 결정적 요인이 되기도 했다. 전쟁을 치러야 했던 군주나 전쟁 승리를 기념하기 위한 왕궁을 짓고 싶었던 왕들은 필요한 자금을 마련하기 위해 화폐를 무분별하게 찍어 냈고, 그 결과 어김없이 인플레이션이 발생했다.

로마 제국은 영토 확장을 위한 끊임없는 전쟁으로 막대한 군사 비용을 지출했고, 이는 결국 국가 재정 악화로 이어졌다. 결국 로마 제국은 재정 적자를 메꾸기 위해 기준 화폐였던 데나리우스 은화의 은 함량을 낮추는 방법을 선택했다. 처음에는 약 90% 이상의 은이 포함되었지만, 시간이 흐

를수록 은 함량이 급감해 3세기경에는 5% 미만까지 떨어졌다. 이에 따라 화폐 가치가 폭락하고 어김없이 극심한 인플레이션이 발생했다. 이러한 통화 정책은 로마 제국 경제 시스템을 사실상 마비시킬 정도였고, 이에 따라 야기된 사회적 불안과 정치적 혼란은 로마 제국의 몰락을 가속화하는 요인이 되었다.

인플레이션이 유럽의 경제 구조를 재편하고 사회 계층 간 갈등을 심화시킨 일도 있었다. 16세기 스페인이 신대륙을 정복하고 막대한 양의 금과 은을 확보하면서 당시 유럽 경제를 뒷받침하던 은의 공급량이 급증하게 되었다. 이에 따라 화폐 가치는 폭락하고 물가가 상승하는 인플레이션이 발생했다. '가격 혁명'으로 불리는 이 사건은 유럽인에게 많은 변화를 가져왔는데, 인플레이션이 150여 년간 지속됐고 물가가 2~3배 상승했다. 그 결과 지주들은 높은 임금을 요구하는 농민들과 끊임없는 갈등을 겪었고, 노동자들은 생활고에 시달려야 했다. 이 시기의 인플레이션이 촉발한 '가격 혁명'은 유럽사를 바꾸는 결과를 초래했다.

그야말로 하이퍼인플레이션●이라 부를 수 있는 사태도 있었다. 제1차 세계대전 이후, 막대한 전쟁 배상금을 지불해야 했던 독일 정부는 무분별하게 화폐를 발행했고, 이로 인해 경제는 걷잡을 수 없는 인플레이션으로 이어졌다. 특히 1923년 독일에서는 물가가 전년대비 1조 배 이상 폭등

- **하이퍼인플레이션(Hyperinflation)**
  물가가 통제 불가능할 정도로 급격히 상승하는 극단적인 경제 현상을 말한다. 일반적으로 월간 물가상승률이 50% 이상일 때 하이퍼인플레이션으로 정의한다.

하는 하이퍼인플레이션이 발생했다. 사실상 화폐가 가치를 잃었다고도 할 수 있는 이 상황으로 인해 세계 역사상 유래가 없는 촌극이 벌어졌다. 독일 시민들은 빵 한 덩이를 사기 위해 돈을 수레 가득 싣고 가야 했고, 거리에 돈이 나뒹굴어도 아무도 주워 가지 않아 환경미화원이 낙엽 쓸 듯 쓸어야 했으며, 심지어 땔감 대신 화폐를 사용하기도 했다. 결국 사람들은 화폐 대신 담배나 달걀과 같은 재화를 이용하여 물건을 구하는 상황에 이르렀고, 극심한 경제적 고통과 사회적 혼란에 시달려야 했다. 이러한 혼란은 극단주의 세력의 등장을 불러일으켰고, 결국 나치 정권의 집권이라는 역사적 비극을 촉발하는 배경이 되었다.

제1차 세계대전 이후 돈을 땔감으로 사용하는 독일 시민

이처럼 인플레이션은 인류 역사 전반에 걸쳐 반복적으로 발생하며 인간을 끊임없이 괴롭혀 왔다. 그것은 사회를 뒤흔들고, 제국을 무너뜨리며, 세계사의 방향을 바꾸는 거대한 힘이다. 인류의 역사는 곧 인플레이션과의 싸움, 그리고 이를 극복하려는 시도의 연속이었다고 해도 과언이 아니다.

05 기축통화와 인플레이션 우리는 왜 달러에 목숨을 거나?

다시 성광테크 이야기로 돌아가 보자. 이곳에는 외국에서 온 직원들도 근무하고 있다. 캄보디아 출신으로 귀화해 성광테크에서 13년째 근무 중인 박연희 씨는 명절이 되면 본국으로 돈을 송금한다. 그런데 본국 화폐인 리엘이 아닌, 미국 달러로 송금을 한다. 왜 달러로 보내냐는 질문에 그녀는 다음과 같이 대답했다.

"왜냐하면 우리나라도 달러를 쓰니까요."

캄보디아는 공식 화폐가 리엘이지만, 실생활에서는 미국 달러도 널리 통용된다. 그래서 본국에 달러를 송금하는 박연희 씨는 달러 환율을 자주 확인한다. 송금 전 환율이 높으면 잠시 기다렸다가 환율이 내려갔을 때 송금한다. 조금이라도 더 많은 금액을 보내고 싶기 때문이다.

환율에 신경을 쓰며 살아가는 이들이 과연 그녀뿐일까? 해외에 거래처를 둔 기업, 여행 산업 종사자, 자녀를 해외 유학 보낸 부모, 하다못해 해외여행을 준비하는 우리도 환율의 영향을 받으며 살아가고 있다. 여기서 말하는 '환율'이란 바로 달러 환율이다. 더 정확한 표현으로는 '원-달러 환율'이지만, '환율'이라는 보통명사가 '원-달러 환율'의 대체어처럼 사용되고 있다.

우리가 받는 달러의 영향력에는 인플레이션도 포함된다. 우리는 자국의 인플레이션뿐만 아니라 미국의 인플레이션까지 감당해야 한다. 달러가 우리 경제에 절대적인 영향을 미치기 때문이다. 만약 우리나라에 인플레이션이 발생한 상황에서 미국마저 인플레이션이 발생한다면 우리는 이중고를 겪게 되는 것이다. 바로 팬데믹 이후인 현재 상황이 그러한데, 비단 우리나라에만 해당하는 문제는 아니다. 전 세계가 미국 달러의 영향권 아래에 있기 때문에, 미국에서 인플레이션이 발생하면 전 세계에 피해가 간다.

미국 역시 코로나 팬데믹 시기에 막대한 돈을 발행했고, 그 결과 당연히 달러 가치는 떨어졌다. 코로나 팬데믹 이후 발생한 달러 인플레이션에 따른 세금은 약 3억 명인 미국인들만 짊어지는 것이 아니라 전 세계 약 80억 명의 사람들이 부담하고 있는 셈이다.

기축통화

우리 모두가 달러의 영향력 아래 살아가는 이유는 간단하다. 현재 미국 달러가 전 세계 환율의 기준이 되는 화폐, 즉 기축통화[•]이기 때문이다.

그렇다면 왜 세계에는 기준이 되는 화폐가 필요할까? 런던정경대학교 화폐금융학과 명예교수 찰스 굿 하트는 이에 대해 이렇게 이야기한다.

> "전체 통화의 기준이 되는 환율은, 자국 통화와 미국 달러 사이의 환율입니다. 어떤 통화가 지배적인 위치를 차지할 때, 그 통화를 수출입 가격으로 삼는 게 가장 쉽기 때문에, 석유 등 대부분의 상품이 기축통화인 '달러'로 책정되는 것입니다."

즉, 기축통화는 '편리성' 때문에 존재하는 것이다. 수출입은 물론 금융 거래와 국제 결제에서도 기준이 되는 '달러'가 존재함으로써, 서로 다른 통화 사이의 불확실성을 줄일 수 있다. 오늘날 국제 무역의 대부분이 달러를 통해 이뤄지는 것도 바로 이 때문이다. 그러나 편리함의 이면에는 책임도 따른다. 달러가 기준이 된다는 것은 미국 경제의 변화가 곧 세계 경제의 변화를 의미한다는 뜻이다. 미국의 경제 정책 하나가 전 세계 수많은 나라의 금리, 환율, 물가에 직결되는 이유도 바로 여기에 있다.

• **기축통화(Key currency, Reserve currency)**
국제 경제와 금융 거래에서 표준이 되고, 세계 각국 중앙은행들이 외환보유고로 보유하는 주된 화폐

달러의 역사

그렇다면 미국 달러는 언제부터 기축통화가 되었을까? 놀랍게도 달러가 세계의 기준 통화가 된 것은 100년이 채 되지 않았다. 17세기부터 제1차 세계대전 이전까지는 영국이 세계 금융자본의 일인자 자리를 차지하고 있었다.

17세기 중엽 이후 영국의 농업, 공업, 무역이 빠른 속도로 발전하면서 영국은 근대 금융 체계의 틀을 형성해 나갔다. 영국은 이 당시 강대한 자본주의 국가이자 '세계의 공장'이었고, 영국의 파운드는 세계의 주요 결제 화폐로 점차 자리매김했다.

미국 달러의 급부상을 가져다준 가장 큰 기회는 제1차 세계대전이었다. 유럽은 전쟁의 불길에 휩싸였고, 미국은 유럽 전쟁에 공급할 군비 공장과 세계 식량 창고의 역할을 했다. 덕분에 미국의 수출무역은 급격히 성장했다. 그러나 이 시기 유럽 대륙은 전쟁의 여파로 무역금융자본이 고갈되어 갔고 점차 수입에 의존할 수밖에 없었다.

이 무렵부터 무역업체들은 파운드보다 달러를 더 매력적인 화폐로 인식하기 시작했다. 1920년 말에 미국의 은행은 이미 해외에 181개에 달하는 지점을 개설했다. 세계 각지의 수입업체는 모두 미국 은행의 지점을 통해 달러를 받았다. 무역 시장에서 런던의 어음이 차지하는 지위는 점점 추락했다. 이는 영국 금융 세력의 몰락이었고, 미국의 확실한 부상이었다.

제2차 세계대전을 거치며 미국의 위상은 더욱 공고해졌다. 세계대전이 발발하자 유럽 각국은 금 수출을 금지해 자국의 통화 가치를 지키려 했다. 하지만 막대한 전쟁 비용으로 인해 인플레이션이 발생하면서 통화 가치가 큰 폭으로 하락할 수밖에 없었다. 여기에 더해 미국이 참전하면서 전쟁에 필요한 달러 자금을 연합국에 무제한으로 공급했고, 그 결과 세계는 미국에 거대한 채무를 지게 되었다. 전후 영국은 36억 9,600만 달러, 프랑스는 19억 7,000만 달러를 미국에 상환해야 했다. 이처럼 전 세계가 미국에 빚을 지게 되면서 달러는 자연스럽게 국제 금융의 중심 화폐로 떠올랐다.

또한, 미국의 금 보유량도 급증했다. 1914년 말 19억 2,600만 달러 수준이던 미국의 금 보유액은 1917년 말에는 28억 7,300만 달러로 증가했다. 금에 기반을 둔 화폐 체제에서는 금 보유량이 곧 화폐의 신뢰로 이어졌기 때문에, 미국의 위상은 단순한 경제 강국을 넘어 금융 패권국으로 확장되었다.

제1차 세계대전을 기점으로 세계 경제의 중심축이 영국에서 미국으로 옮겨 갔고, 이때부터 미국 달러는 세계에서 가장 강력한 통화로서의 입지를 다지기 시작했다. 이후 1944년 브레턴우즈 체제를 통해 달러는 공식적으로 금과 연동된 유일한 화폐가 되었고, 전 세계가 달러를 기준으로 각국의 환율을 고정시키며 진정한 의미의 '기축통화'가 탄생했다.

그렇다면 금은 언제부터 통화로서 우위를 점하게 되었을까? 17세기에서 18세기에는 스페인 은화가 아메리카 대륙 서쪽부터 유럽 대륙 동쪽까지 널리 사용되며, 국제통화의 역할을 했다. 이는 스페인이 아메리카 대륙을 발견하며 정치적 우위를 차지했고, 대서양과 태평양을 연결하는 무역로를 장악한 덕분이었다. 더욱이 은화의 품질도 최상이었기 때문에 200년간 스페인 은화가 국제적으로 통용될 수 있었다.

당시 은은 중국, 유럽, 미국, 등을 포함한 많은 국가에서 화폐로 사용되며 중요한 경제적 역할을 했다. 그런데 문제는 은의 채굴량이 너무 많았다는 점이다. 희소가치가 있어야 화폐로서 존재감을 유지할 수 있는데, 공급이 너무 많으면 통화 가치가 하락하고 인플레이션이 발생할 위험이 커질 수밖에 없다.

반면, 금은 은에 비해 훨씬 희귀했고 그로 인해 더 높은 가치를 지니고 있었다. 1819년, 영국은 상대적으로 가치가 높은 금을 기본 화폐로 채택했고, 미국은 19세기 말 은을 통화 기준에서 제외하기에 이른다. 이러한 배경 속에서 금본위제는 제1차 세계대전이 일어나기 전까지 안정적으로 유지될 수 있었다.

하지만 두 번의 세계대전을 겪으며 세계 경제는 무너졌고, 전 세계가 힘을 합쳐 국제 경제를 일으킬 방안을 모색했다. 이에 국제 사회는 환율을 고정하는 해결책을 제안했고, 제2차 세계대전이 한창이던 1944년 7월, 앞서 언급했던 브레턴우즈 체제가 도입되었다. 전 세계 44개국 대표들이 미국 브레턴우즈에 모여 기축통화를 결정하는 회의를 열었다. 그들은 금 1온스를 미국 돈 35달러에 고정하고, 다른 나라 통화는 미국 달러에 연동시키는 것을 합의했다. 공식적으로 미국 달러가 세계의 기축통화가 된 순간이었다. 그렇게 전 세계는 달러를 확보하기 위해 움직이기 시작했다.

브레턴우즈 체제에 참석한 미국 대표단

브레턴우즈 체제의 번영과 균열

세계 경제가 극도로 무너진 상황에서 국제 경제의 안정과 성장을 도모하기 위해 도입된 브레턴우즈 체제는 각국의 환율을 미국 달러에 고정시키고 환율 변동을 제한하는 방식을 채택했다. 그 결과, 제2차 세계대전 이후 세계는 경제적으로 빠르게 안정을 되찾고 성장을 촉진하는 데 성공한다. 안정된 고정환율은 국제 무역과 투자를 활성화하는 데 기여했으며, 세계 경제는 이전에 경험해 보지 못한 수준의 성장을 이루게 되었다.

그러나 브레턴우즈 체제에 대한 비판이 제기되기 시작했다. 경제학자 로버트 트리핀은 1960년 미국 의회에서 브레턴우즈 체제가 심각한 내재적 결함으로 인해 결국 붕괴할 것이라고 경고했다.

브레턴우즈 체제에서 달러의 발권국인 미국은 자유롭게 화폐를 발행할 수 있었고, 다른 국가들은 대미 수출을 통해 달러를 공급받아 국제거래 결제에 필요한 유동성(달러)을 확보했다. 이러한 구조로 인해 미국의 무역적자와 타국의 무역흑자는 자연스럽고도 불가피한 현상이라는 것이 트리핀의 주장이었다. 국제거래 결제라는 범세계적 목표를 위해 미국이 계속 달러를 공급하는 한, 미국은 만성적인 무역적자를 피하기 어렵다는 것이다. 트리핀은 이에 따라 기축통화인 달러의 신뢰도가 하락할 것이며, 달러 대신 금을 보유하려는 수요가 높아질 것이라고도 경고했다.

트리핀의 예상대로 달러의 과대평가는 감당할 수 없는 상황에 도달하게 된다.

1960년대 후반, 미국은 증가하는 무역적자와 국제수지 적자로 인해 달러에 상당한 압박을 받게 되었다. 여기에 더해, 경제 성장을 촉진하기 위해 미국 정부가 달러를 대량으로 발행하면서 인플레이션까지 발생했다. 변화하는 시장 환경 속에서 금 1온스를 언제까지나 35달러로 고정하는 금본위제가 유효하리란 착각이 보기 좋게 걷어차인 것이다. 전문가들 역시 그 점을 지적한다.

> "미국이 누구에게든 미국 달러를 금으로 환전해 주겠다고 한 약속, 즉 금 1온스당 35달러로 환전해 주겠다는 약속이야말로 돈의 역학을 제대로 이해하지 못한 것이었다고 생각합니다. 자국의 법정 화폐에 대해 고정된 상품을 약속하면 결국 그것은 붕괴할 수밖에 없으니까요."
>
> 대럴 더피(스탠퍼드대학교 경영대학원 재무학과 교수)

일촉즉발의 상황에서 또 하나의 역사적인 전환점이 발생했는데, 바로 미국의 베트남 전쟁 참전이다. 미국은 막대한 전쟁 비용을 감당해야 했지만, 당시 전쟁에 대한 국내 여론이 악화되면서 세금 인상은 정치적으로 불가능했다. 결국 미국 정부는 화폐 발행에 의존할 수밖에 없었다. 엄청난 화폐가 발행되면서 달러의 가치는 급격히 하락하였고, 달러의 신뢰도가 흔들리자 미국은 더 이상 금 보유량을 유지하기 어려운 상황에 직면하게 된다. 그러자 세계 각국의 반응도 서서히 달라지기 시작했다. 前 영란은행 역사가 포레스트 카피의 이야기를 통해 당시 상황을 알 수 있다.

"특히 베트남 전쟁은 당시 민심과 거리가 멀어서 세금을 올릴 수 없었고, 화폐 발행에 의지해야 했어요. 이는 달러를 약화시켰습니다. 그 일이 진행되면서 미국은 금 보유량을 유지하지 못했습니다. 이에 세계 각국이 자신들을 보호하려는 조치를 취했죠."

불안정한 달러에 대한 신뢰를 잃은 국가들은 더욱 안전한 자산인 금으로 교환하려는 움직임을 보이기 시작했다. 달러의 신뢰 상실과 금 고갈이라는 이중고에 직면한 미국은 이 상황을 타개하기 위해 특단의 조치를 취할 수밖에 없었다.

미국 정부는 금의 유출을 막고 달러를 방어하기 위해 금리를 인상하고 임금과 가격을 통제하는 정책을 시행했다. 그러나 이러한 조치들은 달러에 대한 신뢰를 회복하기에는 역부족이었다.

세계 각국은 자국 화폐를 지키기 위해 적극적으로 대응하기 시작했다.

프랑스의 샤를 드골 대통령은 1억 5천만 달러를 금으로 바꿨고, 스페인도 6천만 달러를 금으로 바꾸며 금 확보에 나섰다. 금에 대한 수요가 폭발하면서 금 품귀 현상이 발생했고 투기 세력까지 가세하면서 금값은 천정부지로 치솟기 시작했다. 상황이 악화되자 결국 1971년 5월, 서독이 가장 먼저 브레턴우즈 체제 탈퇴를 선언했으며, 8월에는 스위스도 체제 탈퇴를 결정했다. 영국마저 30억 달러 규모의 금 태환을 요구하며 미국을 압박하자 더 이상 버티기 어려웠던 미국은 결단을 내린다.

1971년 8월 15일, 닉슨 대통령은 앞서 언급한 대로 이제 더 이상 달러를 금으로 교환하지 않겠다는 '금태환 중지'를 공식 선언했다. 금본위제와 브레턴우즈 체제의 종식을 알리는 역사적인 순간이었다. 닉슨 대통령은 당시 연설에서 이는 달러를 방어하기 위한 조치라고 설명하며, 미국 경제를 보호하고 안정시키기 위한 불가피한 결정임을 강조했다. 이로써 돈은 더 이상 금과 연결되지 않게 되었고, 세계는 명목화폐의 시대에 진입하게 된다.

> "통화 안정과 미국 최선의 이익을 위해, 결정된 금액과 조건을 제외하고는 달러의 금, 또는 기타 자산으로의 전환을 일시적으로 중단하도록 지시했습니다."

이제 돈은 금과 완전히 이별하게 되었으며, 각국의 화폐 가치는 고정된 달러 환율이 아닌 시장의 수요와 공급에 따라 결정되기 시작했다. 이는 곧 환율과 인플레이션의 변동성이 커지며, 각국이 이를 극복하기 위해서는 개별적으로 대응해야 하는 치열한 경쟁의 시대가 도래했음을 의미한다. 그야말로 환율과 인플레이션 모두 각개전투가 시작된 것이다.

> "달러는 우리 화폐지만, 문제는 여러분의 것입니다."
>
> "It's our currency but it's your problem."
>
> 1971년, 미국 재무장관 존 코널리

06 인플레이션의 미래

인플레이션은 여전히 ing

브레턴우즈 체제의 붕괴 이후 과연 기축통화라는 개념도 함께 사라졌을까? 브레턴우즈 체제가 붕괴되면서 금과 화폐의 연계는 끊겼지만, 이미 세계 무역에서 중요한 위치를 점하고 있던 '미국 달러'는 체제 붕괴 이후에도 그 지위가 변하지 않았다. 달러는 여전히 세계의 기축통화였고, 지금도 전 세계가 가장 신뢰하는 통화로 평가받고 있다.

달러를 대체할 수 있는 통화로 유로화나 중국의 위안화 등이 거론되기도 하지만, 기축통화로서의 조건인 신뢰도와 사용 빈도 측면에서 여전히 미국 달러를 능가하기 어렵다는 것이 대다수 전문가의 의견이다.

이를 방증하듯, 2024년 1분기 기준 전 세계 외환보유액 약 11.5조 달러

중 무려 60%가 미국 달러로 구성되어 있다. 이는 달러가 세계 경제에서 차지하는 막강한 영향력을 보여 주는 수치다. 특히 각국의 외환보유액에서 달러가 차지하는 비중은 곧 해당 국가의 경제적 힘과 안정성을 나타내는 중요한 지표로 여겨진다. MIT 경영대학원 금융경제학과 교수 조나단 파커는 달러의 영향력에 대해 다음과 같이 이야기한다.

> "달러는 세계에서 가장 지배적인 형태의 무역 통화입니다. 유럽과 미국 간의 무역, 중국과 미국 간의 무역, 때로는 일본과 한국 간의 무역에서도 달러가 거래에 사용됩니다. 많은 사람들이 국내 거래뿐만 아니라 글로벌 거래에 달러를 사용하기를 원합니다."

그렇다면 세계의 기축통화란 무엇을 의미할까? 이는 위기 상황에서도 해당 화폐를 대량으로 발행할 수 있으며, 신뢰가 쉽게 흔들리지 않는다는 것을 뜻한다. 결국 다른 나라들은 무역, 투자, 외환보유, 대외채무 등을 위해 달러를 꼭 필요로 하기에, 미국 달러는 높은 수요 속에서 그 가치를 유지할 수 있는 것이다. 반대로 대부분의 통화는 달러에 종속된 상태로, 달러의 변동이 자국 통화에 직접적인 영향을 미치는 구조다.

최근 아르헨티나에서 벌어진 상황을 살펴보면 기축통화의 영향력을 쉽게 이해할 수 있다. 아르헨티나는 2023년 말 인플레이션율 211.4%를 기록하며 30여 년 만에 최악의 경제 위기에 직면했다. 이는 2019년 집권한 좌파 성향의 알베르토 페르난데스 대통령이 '정부 주도의 대규모 무상 복지'를 전면에 내세우며 코로나 팬데믹 기간 국민에게 현금 지급을 포함한 각종 보조금과 복지를 늘리는 동시에 세금을 낮춘 결과였다. 정치적 포퓰리즘을 위해 무분별하게 화폐를 발행한 결과인 하이퍼인플레이션으로 인해 경제 상황은 매우 비참한 상태에 이르렀다.

아르헨티나 인플레이션

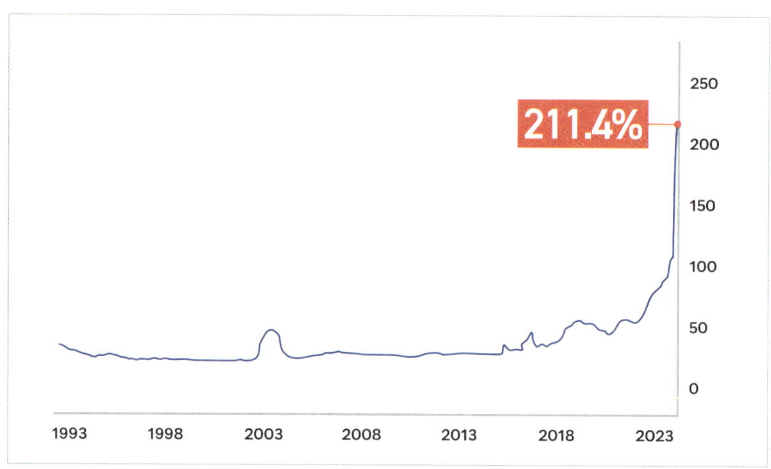

출처 : 아르헨티나 국립통계청(INDEC)

200%가 넘는 인플레이션이라니, 감히 실감하기도 어렵다. 이해를 돕기 위해 달러와 아르헨티나 페소를 비교해 보자. 1994년, 아르헨티나를 여행하는 사람들이 100달러를 환전하면 99아르헨티나 페소를 받을 수 있었다. 그렇다면 2024년에는? 무려 85,000페소를 받을 수 있다. 돈을 많이 받으니 좋은 것 아니냐고? 그만큼 화폐의 가치가 휴지 조각이 되었다는 얘기다.

이렇게 기축통화의 영향권 아래에서 달러를 기준으로 화폐의 가치를 산정하는 세계 각국은, 화폐 발행을 오판하거나 남발할 경우 인플레이션을 넘어 하이퍼인플레이션까지 발생할 수 있다는 점을 직시해야 한다. 결국, 통화 정책은 단순한 경제 운용의 도구를 넘어, 국가의 경제 안정성과 국민 삶의 질을 좌우하는 중대한 선택지임을 우리는 다시금 깨달아야 한다.

일상 속의 인플레이션

당신은 일상에서 언제 인플레이션을 실감하는가? 주로 장을 보거나, 물건을 구매하는 상황에서 예전보다 가격이 오른 것을 체감하며 인플레이션을 실감할 것이다. 하지만, 사실 인플레이션은 우리 주변에 항상 존재해 왔고 앞으로도 지속될 경제적 현상이기 때문에, 일상에서 오랜 시간에 걸쳐 명확히 실감하기란 쉽지 않을 수도 있다. 이는 전문가들이 설명하는 바와도 일치한다.

> "화폐의 활발한 움직임과 인플레이션의 움직임은 서로 밀접하게 연결되어 있기 때문에, 어려운 관계입니다. 하지만 평상시, 즉 돈에 특별한 사건이 발생하지 않을 땐 그 관계가 아주 약하다고 보면 됩니다."
>
> 찰스 굿하트(런던정경대학교 화폐금융학 명예교수)

우리에게 돈과 관련된 특별한 사건이란 과연 무엇일까? 일반적으로 생각해 본다면, 아마도 대출을 받는 순간일 것이다.

성광테크 강빈 본부장은 사옥을 짓기 위해 코로나 팬데믹 기간 유지된 낮은 이자율을 활용해 큰 금액을 대출받았다. 그러나 이후 인플레이션이 발생했다. 과연 그 빚의 운명은 어떻게 바뀌었을까?

가령 1억 원을 대출받았고, 인플레이션율이 연 3%라고 가정해 보자. 화폐의 가치가 떨어졌기 때문에 빌린 돈 1억 원의 1년 후 실질 구매력은 인플레이션율 3%를 제한 9천 7백만 원이 된다. 따라서 대출자가 실제로 갚아야 할 돈은 1억 원이 아닌 9천 7백만 원, 10년 후에는 약 7천 4백만 원으로 줄어든다. 이것을 속칭 '빚이 녹는다'고 표현한다.

그렇다면 반대로 1억 원을 빌려준 사람이나 금융기관은 어떨까? 명목상으로는 1억 원의 원금을 돌려받겠지만, 인플레이션으로 인해 화폐 가치가 하락하면서 실질적으로는 그보다 훨씬 적은 금액을 돌려받게 되는 셈이다. 특히 인플레이션이 심하면 심할수록 이러한 손실은 더욱 커진다. MIT 경영대학원 금융경제학과 교수 조나단 파커의 자세한 설명을 들어 보자.

> "인플레이션은 돈을 빌려준 사람에게서 빌린 사람에게로 돈을 이전하는 경향이 있습니다. 인플레이션이 심화되면 채무자는 더 나은 상황에 처하고 채권자는 조금 더 나쁜 상황에 처하는 것이죠. 채무자는 인플레이션으로 인해 빚을 좀 더 갚기 쉬워지지만, 채권자는 가치가 떨어진 상태에서 대출금을 돌려받게 됩니다."

당신의 인생과 인플레이션은 어떤 관계를 맺고 있고, 당신의 인생에는 지금껏 몇 번의 인플레이션이 발생했는가? 그 변화는 가파른 그래프였나? 아니면 완만하게 이어진 그래프였나? 어떤 그래프였든 당신 인생의 인플레이션은 현재진행형이다.

COLUMN

월급은 올랐는데 왜 더 가난해졌는가?

요즘만큼 장바구니 물가를 체감한 적이 없는 듯하다. 슈퍼마켓에서 계란 한 판 가격에 멈칫하고, 식당에서 점심값 영수증을 확인하며 고개를 갸웃하는 경험은 이제 우리의 일상이 되었다. 통계청 발표에 따르면, 대다수 국민의 임금은 분명히 상승해 왔다. 그렇다면 우리는 왜 더 가난해졌다고 느끼는가? 이 질문에 대한 실마리는 '실질임금(Real wage)'과 '화폐착각(Money illusion)'이라는 두 경제학 개념에서 출발한다. 명목임금이란 말 그대로 우리가 통장에 받는 월급의 액면 금액을 의미한다. 그러나 그것이 실제로 어떤 구매력을 지니고 있는지를 따지려면, 물가상승률을 감안한 실질임금을 봐야 한다. 월급이 5% 올랐다 해도, 물가가 7% 올랐다면 우리의 실질임금은 떨어진 셈이다. 이 차이는 곧 삶의 질과 직결된다.

문제는 대부분의 사람이 이 '차이'를 인식하지 못한다는 점이다. 화폐착각은, 사람들이 돈의 숫자만 보고 그 실질가치를 혼동하는 심리적 현상이다. 우리는 "월급이 작년보다 10만 원 늘었네"라고 기뻐하지만, 실은 그 10

만 원으로 살 수 있는 것이 줄어들었다면, 그 상승은 착시이자 허상에 불과하다. 『돈의 얼굴』 3부에 등장한 성광테크 직원들이 스스로 실질임금을 계산해 보고 실망한 장면은 이 착각이 얼마나 널리 퍼져 있는지를 단적으로 보여 준다.

경제학적으로 실질임금은 국민의 삶을 보여 주는 바로미터이지만, 실생활에서는 잘 체감되지 않는다. 특히 인플레이션이 가속화되는 국면에서는 가격의 기준점 자체가 흐려져 우리가 물건의 '적정 가격'을 판단하기 어려워진다. 이처럼 지나친 인플레이션은 단순한 경제 현상을 넘어 심리적·사회적 혼란을 낳는다. 가격의 기준이 무너지고, 소득의 체감이 왜곡되며, 불신이 쌓이기 시작한다. 특히 고정소득자나 저소득층에게 인플레이션은 조용하지만 집요한 압박이다. 마치 세금처럼 삶의 여유를 야금야금 잠식해 들어간다. 경제학은 숫자의 학문이 아니라, 숫자 속에서 인간의 행동과 인식을 읽는 학문이다. 지금 필요한 것은 '얼마를 받느냐'가 아니라, '그 돈으로 무엇을 할 수 있느냐'를 물을 수 있는 경제적 자각이다. 그 질문이야말로, 인플레이션 시대를 건너는 가장 중요한 나침반이 될 것이다.

연세대학교 상경대학 경제학부 교수

최상엽

**“인플레이션은
노상강도처럼 폭력적이고,
무장강도처럼 무섭고,
저격수만큼 치명적이다.”**

로널드 레이건 / 미국 제40대 대통령

4부

빚 갚고
계십니까?

“빚은
들어가기는 쉽지만,
빠져나오기는 힘들다.”

조쉬 빌링스

당신의 빚은 어디서 와서, 어디로 가는가

당신은 혹시 빚이 있는가? 그렇다면 그 빚을 갚아 가고 있는가? 여기 빚을 지고 살아가는 사람들이 있다.

> "저희 큰아버지도 빚쟁이였고, 저희 어머니도 결국엔 빚쟁이가 되셨어요. '적어도 나는 저렇게 되지 말자'고 다짐했는데, 성인이 되고 경제 활동을 하면서 그게 사람 마음처럼 되지가 않더라고요. 생각보다 빚쟁이가 되기가 쉽구나 싶었어요."
>
> 빚쟁이 J

"채무 원금은 한 9천만 원 정도 되고 열심히 빚을 갚고 있는 빚쟁이 기타라고 합니다. 학자금 대출이 3천만 원이고 코인에다가 3천만 원을 넣었고, 플러스 추가 대출이 한 3천 5백만 원이에요."

빚쟁이 기타

그리고 같은 하늘 아래, 그들이 진 빚을 받아 내기 위해 움직이는 사람들도 존재한다.

"안녕하세요. 사업하시다가 못 받은 돈 있으면 편하게 연락주십시오. 미수금 회수하는 신용정보회사입니다."

"지속적으로 찾아가거나 전화도 하고, 통장도 못 쓰게 만들고, 집에 가서 동산 경매해서 물건들도 좀 집어 나오고, 또 채권자로 하여금 형사고소를 하게 하고, 이런 과정에서 불편함을 좀 만들어야 합니다. 그 불편함이 없으면 채무자는 절대 돈을 갚지 않아요."

빚을 진 사람과 빚을 받으려는 사람, 그리고 그 돈을 빌려준 사람. 이들의 복잡한 삼각관계 속에서 '돈'은 흐르고, 커지며, 때론 어두운 그림자를 드리우기도 하고, 때로는 따스한 빛을 비추기도 한다. 때론 '빚'이라는 음지의 이름으로, 때론 '대출'이라는 양지의 이름으로….

빚을 갚기 어려워 '파산신청'을 한 기타(가명) 씨는 채무자, 속칭 '빚쟁이'로 불린다. 큰아버지와 어머니도 모두 빚을 졌었고, 결국 자신도 빚쟁이가 되고 말았다. 그렇게 그는 '파산신청'이라는 결정을 내리게 되었다. 그렇다면 파산신청을 하면 정말 빚을 갚지 않아도 되는 걸까?

개인파산제도•는 빚을 감당할 수 없는 사람이 법원의 판단을 받아 모든 채무를 면제받는 제도로, 소득이 거의 없거나 경제 활동이 어려운 경

• **개인파산제도**
과도한 채무로 인해 경제적으로 어려움을 겪는 개인이 법적 절차를 통해 채무를 정리하고, 경제적으로 재기할 수 있도록 돕는 제도

우 신청할 수 있다. 신청 후에는 보유한 재산을 처분해 일부 채무를 변제한 뒤 남은 빚을 탕감받게 된다. 하지만 개인파산 이후에는 신용정보에 장기간 기록이 남아 금융 거래가 어려워질 수 있고, 일정 기간 본인 명의의 통장을 개설하거나 사용하는 데에도 제약이 따를 수 있다.

2년째 빚을 갚고 있는 기타 씨는 9천만 원의 채무를 안고 있다. 그중 학자금 대출이 약 3천만 원이고, 추가 대출이 약 3천 5백만 원, 나머지 3천만 원은 코인 투자에 사용한 금액이다. 코인 투자 초반에 잠시 이익이 나기도 했지만, 기간은 약 3달에 불과했고 곧이어 코인 가격은 곤두박질치기 시작했다.

> "5월이었나 6월이었나? 모든 코인이 다 마이너스 몇십 퍼센트를 찍기 시작했고요. 그냥 계속 마이너스, 마이너스였어요. 계속 굴을 파고 맨틀까지 진입하니까 이제 뚝배기가 펑 하고 터지면서 날아간 거였죠."

결국 추가로 약 3천 5백만 원의 채무를 지게 되면서 개인회생● 절차를 밟게 되었다. '개인회생'은 채무를 조정하는 절차로, 개인파산과 유사하지만 소득이 있는 경우 진행할 수 있다.

개인회생 절차가 진행되면, 법원이 정한 변제금을 3~5년 동안 성실히 납부해야만 남은 채무를 면제받을 수 있다. 개인회생 절차 중에는 일정 기간

● **개인회생제도**
채무자의 총 채무를 일정 부분 탕감하거나 조정하여, 채무자가 남은 채무를 소득에 맞게 분할 상환할 수 있도록 지원

신용등급[•]이 하락하고 금융 거래에 제한이 있을 수 있으나, 변제 계획을 충실히 이행하면 신용을 회복할 수 있다는 점에서 개인파산제도와 차별된다.

개인회생 절차를 통해 약 700만 원의 빚을 감면받은 기타 씨에게는 여전히 약 8,300만 원의 채무가 남아 있다. 소득이 있다는 이유로 회생 절차를 밟고는 있지만 월급의 대부분을 빚 갚는 데에 사용하고 있고, 주 7일 일하는 생활을 이어 가고 있다. 직장 업무를 마친 후에는 투잡을 뛰고, 심지어 출근하기 전에도 일이 있다면 이를 맡는다. 하루 3시간만 자며 일한 적도 있다는 그는 자신을 다음과 같이 정의한다.

"정상적이지 않은 사람."

그는 자신의 채무를 꾸준히 상환하고 있음에도 불구하고, 주변에서 개인회생 절차를 진행하는 사람들을 볼 때마다 자신도 다시 그와 같은 상황에 부닥칠 것이라는 불안감에 시달린다고 말한다. 빚은 결국 사람을 망가지게 한다.

또 다른 채무자, 피콜로(가명) 씨는 현재 개인회생 절차를 진행 중이다. 그의 채무는 약 4억 원에 달하며, 주식 투자 손실이 1억 7천만 원, 아내 병원비가 3천만 원, 전세자금 대출이 2억 원이다. 개인회생을 통해 약 1억 원이 감면될 예정이지만, 여전히 갚아야 할 빚은 약 3억 원이다. 그의 부채는

• **신용등급**
개인이나 기업의 신용도를 평가하기 위해 금융기관이나 신용평가사에서 부여하는 점수 또는, 등급

카드론에서 시작되었다. 처음 카드론을 받은 지 두 달 만에 재산은 0원이 되었고, 8개월 후 가계가 파탄에 이르렀음을 실감하게 되었다.

별다를 것 없는 사연을 가진 것처럼 보이지만, 그는 사실 다소 특이한 일상을 보내고 있다. 채무자들이 빚을 갚기 위해 정보를 나누는 오픈 채팅방을 운영하는 것이다. 피콜로 씨의 오픈 채팅방 접속자는 무려 249명. 이들이 이 채팅방에 모이고, 또 피콜로 씨가 이런 채팅방을 운영하는 배경에는 끊임없이 이어지는 빚독촉이 있다.

누가 빚독촉을 하는 것일까? 빚독촉을 하는 주체는 채권자●, 즉 돈을 빌려준 쪽이다. 빚을 진 사람들은 대개 은행에서 돈을 빌린다. 그렇다면 은행은 어디에서 그 많은 돈을 마련해 이들에게 돈을 빌려주는 걸까? 바로 은행에 예금한 사람들의 돈이다. 은행은 예금자들의 돈을, 돈이 필요한 사람에게 대출의 형태로 빌려준다. 즉, 돈을 빌리는 사람(채무자●)과 돈을 맡긴 사람(예금자) 사이에 '보이지 않는 빚의 연결고리'가 형성된다.

돈을 빌려준 은행은 채권자가 되고, 돈을 빌린 사람은 채무자가 되어 빚을 갚아야 할 의무를 진다. 이런 경제 시스템은 채권자와 채무자의 관계를 통해 순환되는데, 이 과정에서 대출금 상환이 제때 이루어지지 않으면 빚

- **채권자(Creditor)**
  어떤 거래에서 돈이나 물건을 빌려준 사람이나 기관을 말한다. 쉽게 말해, 채권자는 빚을 받을 권리가 있는 사람이다.
- **채무자(Debtor)**
  어떤 거래에서 돈이나 물건을 빌린 사람이나 기관을 말한다. 즉, 채무자는 빚을 갚아야 할 의무가 있는 사람이다.

독촉을 하게 되는 것이다.

엄밀히 말하자면, 채무자가 빌린 돈은 원래 예금자들의 것이지만 이 관계에서 실질적인 채권자는 은행이다. 따라서 채무자들이 빚을 갚지 않는다 해도 예금자는 빚과는 거리가 먼 존재이다. 채무자에게 빚을 갚으라고 독촉하는 일은 은행, 즉 채권자의 몫이다.

빚을 진 사람들은 다음과 같이 말한다.

"추심이 무서워요."

이른바 빚독촉, 채권추심•이 시작된 것이다. 그 두려움과 압박에서 벗어나고자 채무자들은 피콜로 씨가 운영하는 채팅방에 모여들기 시작했다. 그리고 누구보다도 채권추심의 피 말리는 고통을 잘 아는 피콜로 씨는 이들의 멘토를 자처했다.

"고객님 돈이 미납됐습니다."

처음 추심 전화를 받던 순간, 피콜로 씨의 머릿속에 떠오른 생각은 단 하나였다. '갚을 자신이 없다. 이럴 바에는 차라리 죽는 게 낫지 않을까?' 그러나 결국 피콜로 씨는 아이를 생각하며 삶을 선택했고, 자신과 같은 상황을 겪게 된 사람들을 돕기로 결심했다. 이 결심은 고통을 함께 이겨 낼

• **채권추심(Debt collection)**
채권자가 채무자에게 빌려준 돈이나 제공한 대가를 회수하기 위해 취하는 모든 활동

수 있는 공간을 만들겠다는 의지로 이어졌고, 그렇게 오픈 채팅방이 탄생했다.

하지만 그는 지금도 추심 전화를 받던 순간들을 잊지 못한다고 고백한다.

"친절하게 '고객님, 입금이 안 되었는데 확인 부탁합니다'라고 추심하는데, 그런 추심이 한 3일 정도 오게 되면 무서워요."

02 추심의 세계
빚을 안 갚으면?

그렇다면 채무자가 갚지 않은 빚은 어떻게 채권자의 손으로 들어가게 되는 것일까?

신용정보회사에서 채권추심 업무를 담당하는 백우현 팀장은 이 과정을 누구보다 잘 알고 있는 사람 중 하나다. 지난 10년간 '채권추심'이라는 업무를 수행하며 이 과정을 직접 경험해 왔기 때문이다. 이른바, '빚 받으러 다니는 사람'으로 불리는 그의 일상을 살펴보자.

그가 하는 일 중 가장 큰 비중을 차지하는 것은 채무자들을 직접 찾아가 빚을 상환하도록 독려하는 일이다. 그렇다면 그는 채무자들을 어떻게 대할까? 영화 속 장면처럼 폭력배를 동원해 협박이라도 하는 것일까? 실제로 채무자에게 하는 이야기를 들어 보자.

> "대표님, 백 팀장입니다. 공장 앞에 왔는데요. 공장에 안 계시나요? 그러면 제가 들어가 봐도 의미 없겠네요. 문이 안 열려 있나요? 우편물을 하나 놓고 와야 하는데 여기 앞에 경비 아저씨가 지금 안 계신 것 같네요? 제가 조만간에 한 번 뵐게요. 사장님. 빨리 해결하셔야 합니다."

이처럼 빚을 지고 있는 사람과, 빚을 받아야 하는 사람 사이에 백 팀장이 있다. 그는 채권자의 의뢰를 받아 채무자를 찾아가 빚을 회수하며, 회수한 금액의 20~30%를 수수료로 받는다. 그는 단순한 빚 독촉자가 아니라, 채권자와 채무자의 경제적 연결고리를 유지하며 상환 과정을 돕는 중재자 역할을 수행하는 것이다.

그가 담당하는 채무 금액은 무려 1천억 원이 넘는다. 그렇다면 돈을 갚지 않는 사람들은 정말로 상환 능력이 없는 것일까? 그리고 채무자들은 백 팀장과 같은 추심 담당자를 마주할 때 어떤 태도를 보일까? 이에 대해 백 팀장은 다음과 같이 이야기한다.

> "일반적으로 저희가 찾아가면 채무자는 거부감을 느낍니다. 그렇게 되면 채무자가 숨어버리는 경우도 생기는 거죠. '당신은 날 망가뜨리려고 온 사람이니까, 난 당신하고 대화 안 할 거야'라는 식으로요. 채무자가 변제 여력이 없는 무자력자라면, 결국 돈을 받아 낼 방법은 없습니다."

이렇다 보니 빚의 회수율은 10%도 채 되지 않는다. 하지만 이런 낮은 확률에도 불구하고 백 팀장은 새벽부터 직접 발로 뛰며 빚을 회수하려 애쓴다. 하지만 그가 싸워야 하는 상대는 채무자뿐만이 아니다. 채무자들이 선임한 변호사와의 법적 공방도 불가피하다.

빌린 돈임은 분명한데, 한쪽은 한 푼이라도 더 받아 내려고 하고, 다른 한쪽은 한 푼이라도 덜 내려고 싸우는 치열한 전쟁. 이런 전쟁 속에서 피해를 보고 상처받는 사람들도 있다. 은행을 통해서가 아니라, 개인적으로 돈을 빌려줬다가 못 받고 있는 채권자들이다. 이들은 이 과정에서 경제적 손실뿐만 아니라 심리적 고통까지 겪는다.

구둣가게를 운영하는 채권자 A씨도 그중 한 명이다. 그는 지인이 어렵다는 말에 돈을 빌려주었다가 결국 큰 손해를 입고 말았다. 채무자는 9년 동안 친자매처럼 지내던 사이였다. 처음에는 큰돈이 아닌 '100만 원만 빌려줘'라는 작은 부탁에서 시작했다. 그러다 점차 금액이 커져 1,200만 원까지 불어났고, 이후 추가로 500만 원만 더 빌려주면 신용불량[●]에서 벗어날 수 있다는 채무자의 말에 A씨는 또다시 돈을 건넸다. 하지만 그 후 채무자의 태도는 돌변했다. 채무자가 남긴 말에 A씨는 큰 충격을 받았다.

"나는 장애인이야. 정신장애인이라서 정상적인 생활을 할 수 없기 때문에, 돈을 갚을 수가 없어."

● **신용불량**
개인이나 기업이 금융기관에서 빌린 돈(대출)이나 사용한 신용카드 대금 등을 정해진 기한 내에 상환하지 못해 신용도가 크게 낮아진 상태

이 말을 끝으로 채무자의 연락은 끊겼다. 그리고 남겨진 건 채권자 A씨의 깊은 상처였다. 그녀는 극심한 배신감과 충격으로 대인기피증에 시달렸고, 한동안 외부 활동조차 할 수 없었다. 이처럼 빚을 갚지 못하면 채무자만 어려움에 부닥치는 것이 아니라, 채권자 역시 경제적 손실을 겪고 사람에 대한 신뢰마저 잃는다.

채권자 A씨가 다시 세상으로 나설 용기를 낸 4년 전, 그녀는 백 팀장을 찾았다. 그리고 4년이 흐른 지금, 백 팀장이 다시 채권자 A씨를 찾아왔다. 놀랍게도 채무자가 드디어 경제 활동을 시작한 것이다. 무려 4년 동안 통장 개설도 하지 않고 어떠한 경제 활동도 하지 않았던 채무자가 최근 들어 신용카드를 사용하기 시작했다. 이는 채무자의 경제 활동이 본격적으로 시작되었고, 빚을 회수할 기회가 생겼음을 의미한다.

백 팀장은 바빠졌다. 이제 채무자의 흔적을 따라다녀야 할 테지만, 그의 목표는 단순히 빚을 받아 내는 것이 아니다. 그는 채무자가 계속해서 경제 활동을 이어 갈 수 있도록 돕는 데 집중하고 있다. 채무자가 다시 경제적으로 무너지면 결국 빚을 받을 수 없기 때문이다. 백 팀장은 채무자가 경제활동을 이어 갈 수 있도록, 다시 파산하지 않도록 노력할 계획이다.

한편, 채권자 A씨 역시 채무자의 파탄을 원치 않는다. 그녀는 지난 극심한 고통 속에서도 채무자를 측은히 여기며, 그녀가 경제적으로 회복하기를 바라고 있다. 이처럼 백 팀장과 A씨는 빚의 회수를 넘어 채무자의 재기를 돕는 데 힘을 쏟고 있다.

이처럼 채권자와 채무자 사이, 때론 팽팽하고 때론 느슨한 줄다리기 속에는 추심이라는 복잡한 과정이 존재한다. 긴장과 협력이 교차하고, 이해와 감정이 얽힌 이 과정은 단순히 돈만의 문제가 아니다. '빚'이라는 무게를 둘러싼, 다양한 인간사의 민낯이자 우리 사회의 한 단면이다.

채권추심의 역사

채권추심의 역사는 인류의 금융 거래만큼이나 오래되었다. 고대 문명에서도 빚을 갚지 못한 사람들에게 법적 처벌이 있었고, 채권자는 자신의 권리를 지키기 위해 다양한 방법을 동원해야 했다. 이를 증명하는 문서와 장부는 역사적 기록에서 확인할 수 있다.

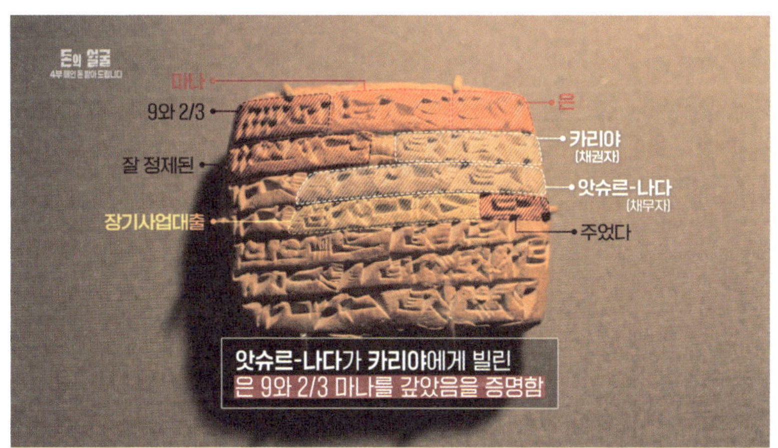

메소포타미아 문명의 채무 변제 증서

인류 최초의 문자가 발견된 메소포타미아 문명(기원전 4000년~기원전 600년) 사람들이 남긴 채무 변제 증서에서도 그 흔적을 찾아볼 수 있다. 채권자 카리야가 채무자인 앗슈르 나다에게 장기 사업 자금으로 순은 9와 3분의 2마나를 빌려줬고, 이후 그 빚을 갚아 채무가 없어졌음을 정확히 기록하고 있다.

시간이 흐르면서 채권추심은 좀 더 체계적이고 조직적인 방식으로 발전했다. 중세 시대로 접어들면서 법률 체계가 정비되자 채권자들은 더욱 합법적인 방법으로 채권을 회수할 길을 찾게 되었고, 현대에는 그 방법이 더욱 전문화되고 다양해졌다.

오늘날 일부 채권추심 업체들은 최신 데이터 분석 기술을 활용하여 채무자의 상환 능력과 행동 패턴을 면밀히 파악하고, 이를 기반으로 맞춤형 해결책을 제시하기도 한다. 채무자에게 과도한 부담을 주지 않으면서도 효과적으로 돈을 회수하는 방식을 채택하는 것이다.

백 팀장이 그러하듯 채권추심은 단순히 빚을 받아 내는 것을 넘어서 채무자와의 신뢰 형성, 심리적 안정을 고려한 소통이 중요해지고 있다. 일부 추심 전문가들은 채무자의 재기를 돕고, 금융 시스템 안으로 다시 끌어들이는 '조력자'의 역할을 자처하고 있기도 하다. 이제 채권추심은 단순한 '독촉'이 아니라, 금융 구조의 균형을 지키는 중요한 기제로 작동하고 있다. 채무자와 채권자 사이의 긴장을 완화하고, 지속 가능한 상환 환경을 조성하는 데 있어 '인간적인 접근'이 더욱 주목받고 있는 것이다.

빚을 갚지 못하면?

그렇다면, 이러한 추심에도 불구하고 끝내 빚을 갚지 못하면 어떻게 될까? 채무자가 부동산[•]을 보유하고 있다면, 해당 부동산을 압류한 뒤 경매를 진행하여 경매 대금으로 빚을 변제하기도 하고, 채무자의 소득 중 법으로 보장된 최저 생계비를 제외한 금액을 압류하기도 한다. 이러한 절차는 모두 법원의 명령에 따라, 법적 근거에 의해 이루어진다.

그리고 마지막에는 채무자의 동산[•]을 압류하는 절차가 진행된다. 법원의 명령을 받은 집행관이 현장을 방문해 자동차, 가구, 기계 등 이동이 가능한 재산을 강제로 압수하는 것이다.

빌린 돈을 갚지 않을 때만 강제집행이 이루어지는 것은 아니다. 예를 들어, 월세를 내지 않은 상태로 계속 해당 집에 거주하는 경우에도 강제집행 대상이 될 수 있다. 이때 강제집행 대상은 크게 두 가지로 나뉜다. 첫 번째는 채무자가 점유하고 있는 채권자의 부동산, 즉 집이며, 두 번째는 채무자의 동산, 즉 물건들이다.

실제로 집주인 A씨는 강제집행 절차를 통해 자신의 부동산을 되찾을

- **부동산**
  이동이 불가능한 재산으로, 일반적으로 토지와 토지 위에 정착된 건물을 포함하며, 법률적으로도 이를 하나의 주요 재산 유형으로 취급
- **동산**
  물리적으로 이동이 가능한 재산으로, 대표적으로 현금, 보석, 물건 등이 이에 해당

수 있었다. 그는 세입자였던 채무자의 어려운 형편을 이해하며 기다려 주었지만, 결국 자신도 큰 고통을 겪게 되었다고 말한다.

"이런 거는 빨리 결단을 내리는 게 정신건강에 좋은 것 같아요. 저는 주위 사람들의 충고를 무시하고 채무자의 사정을 봐준답시고 여기까지 왔잖아요? 근데 그게 과연 그 사람한테 좋았을까요? 오히려 빚이 더 많아졌잖아요. 저는 저대로 힘들었고요."

밀린 월세와 관리비 2,400여만 원은 여전히 회수하지 못한 상태다. 일부 금액은 채무자의 동산을 압류하여 매각한 후 회수할 수 있다.

강제집행을 통해 압류된 채무자의 동산은 먼저 컨테이너로 옮겨져 완전히 봉인된 상태로 보관된다. 채무자의 빚이 동산으로 바뀐 셈이다. 동산이 보관되는 동안 채무자는 채권자와 합의하여 자신의 물건을 돌려받을 기회를 가질 수 있지만, 그렇지 못할 경우 동산은 결국 경매를 통해 매각되어 그 대금은 빚을 변제하는 데 사용된다.

이러한 경매 절차가 이루어지는 대표적인 장소 중 한 곳이 바로 경기도 용인시에 위치한 '만물도깨비경매장'이다. 채무자의 동산이 도달하는 마지막 장소이자, 빚을 상환하기 위한 최종 과정이 진행되는 곳이다.

빚을 지는 것은 결코 가난한 사람들만의 일이 아니다. 재산이 많은 부자도 사업 실패로 인해 채무를 상환하지 못할 수 있고, 중산층도 동산을 압류당하는 상황이 발생할 수 있다. 이렇게 압류된 동산이 보관된 컨테이너 안은 예측할 수 없는 다양한 물건들로 가득하다. 이런 보물 같은 물건을 노

경매가 진행 중인 도깨비경매장

리는 사람들로 경매장은 항상 북적인다. 오늘은 또 어떤 물건이 경매에 등장할까? 경매장을 운영하는 박영걸 대표조차도 예측할 수 없다고 말한다.

> "그 안에 뭐가 들어 있는지는 몰라. 어떤 때는 서랍에서 돈도 나오고, 시계도 나오고, 좋은 골프채도 나오고, 양주도 좋은 거 나오고, 그런 것들이 나오는 데가 바로 여기예요. 여기에 사러 오시는 분들은 그거 기다리는 분들이 많아요."

이곳에서 경매가 이루어지면, 그 돈은 마침내 채권자에게로 돌아간다. 비록 전액은 아닐지라도, 오랜 기다림 끝에 내 돈이 먼 길을 돌아 내 품에 다시 안기는 순간이다.

수많은 인생의 희비가 교차하는 경매장을 운영하는 박영걸 대표도 사실 과거에 채무자의 삶을 경험한 바 있다. 30년 전, 그는 사업 실패로 약

100억 원의 큰 빚을 지게 되었다. 그는 채무자로 살아가면서 '인간 앞에 돈이 있다'는 냉혹한 현실을 절감했다고 한다. 그의 이야기에서 나락까지 떨어졌던 절박했던 순간들과 그가 느낀 고통의 깊이를 엿볼 수 있다.

"돈이 떠나고 나니까 완전히 인생이 종말 같았어요. 여기서 끝이라며 저한테 손가락질하고 폭행을 하는데, 이게 현실인가 싶을 정도로 가슴이 무너졌어요. 그 당시 내가 최고라고 그러고 나를 믿었던 친구들이 악마처럼 변해서 집에다 차압 딱지를 붙이고, 차도 빼앗아 가고 그랬죠. 그제야 실감했어요. 돈이라는 것은 인간보다 돈이 먼저구나."

많은 이들의 삶을 무너뜨린 '빚'이, 아이러니하게도 누군가에게는 인생을 뒤바꿀 기회의 문이 되기도 한다. 채무를 극복하는 과정에서 새로운 가능성을 발견하고, 이를 통해 성공과 재기를 이룬 사례는 '빚'이 단순히 절망의 원인만은 아니라는 사실을 보여 준다.

03 빚의 부가가치 내 빚으로 돈을 버는 은행

"무슨 소립니까? 빚은 능력입니다!"

이렇게 외치는 사람이 있다. 미용 클리닉을 운영하는 의사, 47세 이하영 씨다. 그는 흔히 '부담'이나 '위험'으로 여겨지는 빚, 즉 대출을 전혀 다르게 바라본다. 빚은 부정적인 것이 아니라 오히려 적극적으로 활용해야 할 도구이며, 부의 출발점이라는 것이다.

"좋은 대학을 나와서 좋은 직장을 가는 이유는 딱 한 가지예요. 빚을 많이 내기 위해서. 좋은 직장을 다니면 은행에서 대출을 잘해 주거든요."

그가 이렇게 확신에 찬 주장을 펼치는 데는 그만한 이유가 있다. 바로 대출을 전략적으로 활용해 큰 자산을 이루는 데 성공한 본인의 경험 때문이다. 그는 35살에 병원을 개원하며 처음으로 10억 원의 대출을 받았다. 이를 시작으로 부동산 투자 때마다 공격적으로 대출을 받아 자산을 늘렸고, 40대 중반이 된 현재는 100억 원대의 자산가가 되었다.

그는 무일푼으로 시작해 100억 원대의 자산가가 될 수 있었던 이유로 대출을 꼽으며, '빚은 곧 자산'이라는 주장을 펼친다. 자산을 키우기 위해서는 빚도 함께 키워야 하기에 빚을 버리고 살 수도 없고, 그럴 필요도 없다는 것이다. 보통 사람들은 대출을 받을 때 대부분 불안감과 부담감을 느낄 것이다. 하지만 그는 정반대다. 대출이 승인되었을 때 오히려 기쁨을 느낀다고 한다. '내 능력이 더 커졌구나. 이제 돈을 더 벌 수 있겠구나' 심지어는 '세상이 나에게 이렇게 좋은 기회를 계속 주는구나'라는 환희에 가까운 감정에 빠져들곤 한다는 것이다.

그에게 있어 자산이란, 항상 부채와 함께 존재하는 것이다. 빚이 사라지면 자산도 함께 사라진다는 것이 그의 생각이다.

"자산에는 내 부채가 반드시 포함돼요. 빚이라는 건 내가 죽는 날 함께 사라지는 거예요. 내 몸에서 빚을 다 빼는 순간, 나의 자산과 나의 돈도 같이 없어지는 거예요."

대출의 원천은?

수많은 채무자에게 빌려준 돈, 그리고 이하영 씨에게 끊임없이 허락된 그 많은 돈은 과연 어디에서 나오는 것일까? 답은 간단하다. 바로 은행이다. 그렇다면 은행이 빌려주는 돈은 모두 예금자들의 예금일까? 과연 그렇게나 많은 돈이 예금으로 충당될 수 있을까?

그렇지 않다. 예금이 처음부터 많았던 것은 아니었다. 앞서 언급했듯, 예금은 점차 불어난다. 다시 한번 예금이 불어나는 과정을 살펴보자. 예를 들어, 누군가가 은행에 100만 원을 저축했다면, 은행은 이 중 10%인 10만 원을 지급준비금으로 남겨 두고 나머지 90만 원을 다른 고객에게 대출해 준다. 이때 예금자의 통장에는 여전히 100만 원이 찍혀 있고, 대출받은 고객의 통장에도 90만 원이 존재하게 된다.

이제 대출받은 고객이 90만 원을 사용하면 그 돈은 또다시 돌고 돌아 누군가의 예금으로 들어간다. 은행은 다시 이 예금에서 지급준비금 10%

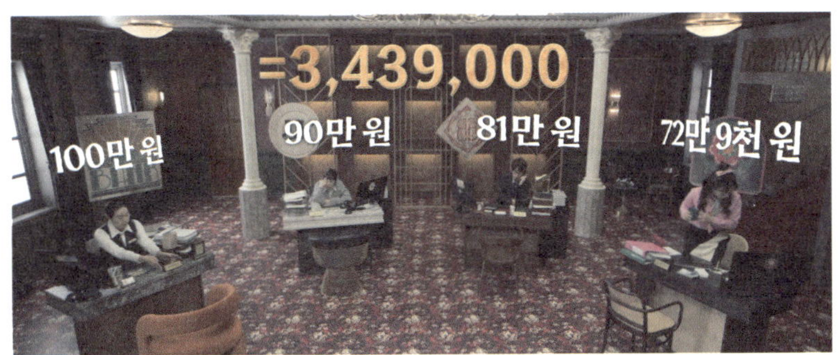

돈이 불어나는 과정

를 제한 81만 원을 누군가에게 대출해 준다. 이러한 과정이 은행과 예금 사이에서 계속 반복된다. 이러한 순환 구조를 통해 최초 예금자의 100만 원은 무려 3,439,000원으로 불어난다.

이 과정이 지속적으로, 그리고 모든 예금 통장과 모든 은행에서 반복되면 돈은 엄청난 속도로 불어나게 된다. 이러한 이유로 은행에서는 끊임없이 은행의 돈을 불려 줄 대출자를 기다린다. 돈을 빌려 가는 사람이 많을수록 은행은 큰 이득을 보는 것이다. 이 과정에서 은행은 상환 능력이 충분히 검증되지 않은 이들에게도 대출해 주는 경우가 생기기도 하는데, 이는 채무자들이 감당할 수 없는 빚에 빠지는 이유가 되기도 한다.

빚을 갚는 사람들을 위한 오픈 채팅방을 운영하는 피콜로 씨는 그 '대출'의 수레바퀴에 대해 다음과 같이 이야기한다.

"개인회생 절차를 진행하기 직전에 보니까 내 빚이 어느 순간 눈덩이처럼 불어나 있더라고요. 그런데 은행에서는 자꾸 돈을 빌려준다고 하는 거예요. 그래서 조금씩 조금씩 계속 야금야금 받았죠. 처음에는 5천만 원이었는데 그다음에는 1억 원, 그 후에 은행에서 또 3천만 원 빌려준다고 하니까 또 받고. 그렇게 조금씩 계속 돈을 빌려주더니, 어느 순간부터는 은행에서 돈을 안 빌려주더라고요."

은행은 이미 빚을 지고 있는 사람에게도 계속해서 돈을 빌려주고, 채무자들은 점점 늘어나는 빚을 수레에 실은 채 가시밭길을 올라간다. 빚이 불어날수록 수레바퀴는 점점 더 무거워지고, 결국 어느 순간 그 빚의 수레바퀴는 완전히 멈추고 마는 것이다.

채무자 기타 씨 역시 이런 의문을 제기한다. 물론 대출을 받은 것은 자신의 선택이지만, 대출을 제공하는 과정에서 은행이 상환 가능성에 대한 검토를 소홀히 했다면, 은행도 책임이 있는 것 아니냐고 말이다.

> "은행에서도 돈을 빌려줄 때 이러한 상황까지 참작하고 빌려줘야 한다고 생각해요. 개인회생 제도가 있더라도 누구나 빚쟁이가 될 수 있고, 그런 사실을 알면서도 빌려줬기 때문이죠. 물론 개인회생 제도로 많이 탕감받는 분들도 있지만, 그 사람이 버는 월급을 넘어서까지 대출을 해준 건 은행 잘못이 아닌가요?"

하지만 은행은 대출과 관련된 책임에서 너무나도 자유롭다. 대출에 관한 모든 책임은 전적으로 채무자에게 있으며, 이는 채무자가 서명한 대출 계약서에 명확히 명시되어 있다. 채무자가 이를 기억하지 못하거나 간과했을지라도, 서류에 서명함으로써 대출 조건을 수락하고 이에 따른 의무를 이행할 책임을 스스로 인정한 셈이다.

결국 은행이 대출해 주는 이유는 단순하다. 그것이 은행의 주요 상품이기 때문이다. 은행은 대출을 통해 이익을 창출하는 사업체로, 이는 마치 아이스크림 가게가 아이스크림을 판매하는 것과 같다. 즉, 사람들이 돈을 주고 아이스크림을 사듯, 사람들은 이자를 지불하며 대출이라는 상품을 구매하는 것이다.

그러나 빚이 불어나는 구조를 이해하지 못한 채 무분별하게 대출을 받는다면, 결국 수레바퀴가 멈추는 순간이 찾아온다. 문제는 그 순간이 오기 전까지, 많은 사람들이 자신이 어디까지 가고 있는지조차 모른다는 점이다.

은행은 내 대출로 어떻게 돈을 버나?

그렇다면 은행은 채무자들이 돈을 갚지 못하는 상황에 어떻게 대비할까? 사실 은행은 대출을 실행하기 이전부터 빌려준 돈을 돌려받지 못할 위험에 철저히 대비한다.

예를 들어, 한 사람이 은행에 100만 원을 예금하고 은행이 이에 대해 연 3%의 이자를 지급하기로 약속했다고 가정해 보자. 은행은 100만 원 중 지급준비금 10%를 남겨 두고 90만 원을 다른 사람에게 대출해 준다. 그리고 대출자에게는 10% 이자를 부과한다. 은행은 단기로 예금을 받고 장기로 돈을 빌려주는 위험을 금리 차이로 보상받는 것이다. 90만 원을 연이율 10%로 대출하면, 1년 뒤 대출자가 상환해야 할 금액은 원금 90만 원에 이자 9만 원을 더한 총 99만 원이다.

■ 대출 상환액 = 90만 원 + (90만 원 × 10%) = 99만 원

은행이 보유하게 되는 자산은 예금 100만 원과 대출금 99만 원을 합쳐 총 199만 원이다.

■ 은행 보유 총액 = 예금 100만 원 + 대출 회수 99만 원 = 199만 원

반면, 은행이 실제 지출한 비용은 다음과 같이 193만 원이다.

■ 은행 지출 총액 = 100만 원(예금자에게 지급할 원금) + 3만 원(예금자에게 지급할 이자) + 90만 원(대출로 나간 금액) = 193만 원

결국 은행은 이 거래를 통해 6만 원의 수익을 얻게 된다.

■ 순수익 = 199만 원 - 193만 원 = 6만 원

은행은 예금금리와 대출금리의 차이인 예대마진•을 통해서 수익을 창출한다. 대출금리가 높고 예금금리가 낮을수록 은행의 예대마진이 커지고, 반대의 경우 예대마진이 줄어든다. 이는 금융기관의 수익성을 평가하는 중요한 지표로 활용된다.

대출의 위험성

이처럼 은행은 대출이 상환되지 않을 위험에 철저히 대비하고 있다. 그렇다면 대출을 받는 사람들은 어떨까? 이들도 이러한 위험을 충분히 인지하고 대출을 받을까? 안타깝게도 현실은 그렇지 못한 경우가 더 많다. 프린스턴대학교 경제학과 교수 마커스 브루너마이어는 대출의 위험성에 대해 다음과 같이 경고한다.

• **예대마진(Loan-deposit margin)**
은행이 예금을 받을 때 지급하는 금리와 대출을 제공할 때 부과하는 금리 간의 차이에서 발생하는 이익

"대출은 자산이 아니라 부채입니다. 레버리지를 이용하여 자산을 구매한다면, 당신은 금융을 통해 돈을 빌리는 것이죠. 이는 당신에게 위험할 뿐만 아니라 사회적으로도 위험합니다."

여기서 말하는 레버리지[•]란 무엇일까? 쉽게 말해, 부채를 활용해 투자 규모를 키우는 전략을 뜻한다. 대출은 자산이라고 주장하며 이를 적극적으로 활용해 100억 원의 자산가로 성장한 이하영 씨가 사용한 방식이 바로 전형적인 레버리지 전략이다.

마찬가지로, 3천만 원을 대출받아 코인에 투자한 기타 씨와 대출 자금 1억 7천만 원을 활용해 주식에 투자한 피콜로 씨 역시 레버리지 전략을 활용한 것이다. 이들은 모두 대출이라는 지렛대를 통해 자본 규모를 키우고 더 큰 수익을 추구하고자 한 것이다.

• 레버리지(Leverage)
타인의 자금이나 대출 자금을 활용하여 투자나 사업을 확장함으로써 더 높은 수익을 추구하는 방식

사람들이 왜 레버리지를 이용하는지, 이하영 씨의 사례를 보면 그 이유를 짐작할 수 있다. 기업이든 개인이든, 특정 자산에 투자해서 발생할 수익이 비용을 상환한 뒤에도 충분할 것으로 판단되면, 대출을 활용해서라도 자산 매입에 나선다. 부채를 기반으로 한 투자 전략인 것이다.

레버리지를 통해 성공을 거둘 가능성도 있는데 이러한 부채 기반의 투자가 왜 위험한 것일까? 프린스턴대학교 경제학과 교수 마커스 브루너마이어의 설명에 앞서 소개한 채무자들이 이른바 '빚쟁이'로 전락한 이유가 담겨 있다.

> "자금 조달이 탄탄해서 막대한 대출을 받을 수 있다고 판단한다면, 이는 자산의 한 형태로 볼 수도 있습니다. 하지만 이는 은행이 얼마나 신중하게 대출을 하느냐에 달려 있습니다. 때로는 은행이 매우 신중하기도 하고, 때로는 매우 느슨하기도 합니다. 따라서 현재 어떤 사이클에 속해 있는지를 스스로 판단해야 합니다."

은행의 대출 범위와 기준은 법률처럼 정해져 있는 것이 아니라, 각종 금융 규제와 국가 정책에 따라 유동적으로 운용되기에 다소 느슨한 대출 규제 아래에서는 상대적으로 쉽게 대출이 이루어지고, 규제가 심할 때는 대출이 어려워질 수도 있다. 즉, 규제가 완화된 시기에는 능력에 비해 과도한 대출이 이루어질 가능성도 있기 때문에, 개인이 스스로 위험을 인지하고 자율적으로 조절할 수 있어야 한다는 얘기다.

그렇다면 대출을 받는 개인은 어떻게 스스로를 규제할 수 있을까? 마커스 교수는 은행이 지급준비금을 두어 예금자들의 인출 요구에 대비하듯,

대출을 일으키는 개인도 불확실성에 대비할 재정적 안전망을 갖춰야 한다고 강조한다. 그는 개인의 재무 구조에서 부정적인 충격을 받았을 때 회복할 수 있는 재정적 탄력성이 필수라고 지적한다. 좋은 시절에 모든 돈을 썼다가, 부정적인 충격을 받고 난 후 남은 준비금이 없다면 회복하기가 매우 어렵다는 것이다.

> "햇빛이 비칠 때 지붕을 고친다는 말이 있습니다. 날씨가 좋을 때 여분의 비축분을 마련해 두어야, 비가 올 때 더 쉽게 다시 일어설 수 있죠. 이는 개인 차원에서도 마찬가지입니다. 투자 결정을 내릴 때 실직하거나 갑작스러운 해고로 어려움을 겪을 수 있으니, 그럴 때 실제로 재교육을 받고 재기할 수 있도록 여분의 예비금과 현금이 있어야 합니다."

대출은 분명 강력한 도구이지만, 그것이 '자산'인 동시에 '부채'임을 명확히 인식해야 한다. 레버리지를 통한 투자의 성공은 자산을 빠르게 확대하는 효과가 있지만, 실패할 경우 더 큰 위험을 초래할 수 있다.

대출을 통해 부를 축적한 성공 사례도 있지만, 반대로 빚더미에 올라 경제적으로 몰락한 사례도 많다. 중요한 것은 자신의 재정적 한계를 명확히 이해하고, 불확실성에 대비하는 것이다.

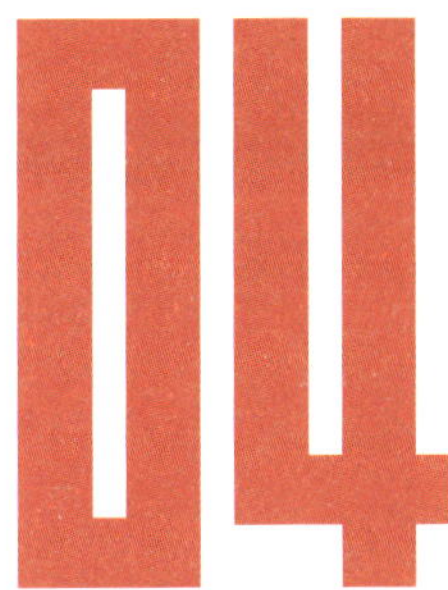

대출과 자산
내 주택담보대출, 안전한가요?

그럼에도 불구하고 우리는 여전히 '빚도 자산'이라 여기며 끊임없이 대출을 받는다. 당신은 지금까지 대출을 받은 경험이 있는가? 있다면 어떤 목적이었는가?

통계자료에 따르면, 2023년 기준 한국의 GDP 대비 가계부채 비율은 93.54%를 기록하고 있다(출처 : IMF). 2021년 약 1,862조 원이었던 가계대출은 꾸준히 증가하여 2024년에는 1,910조 원을 넘어섰고, 같은 해 4분기 말에는 1,927조 2,598억 원(출처 : 한국은행)에 이르렀다.

그렇다면 이렇게까지 늘어난 대출은 과연 어떤 이유로 이루어졌을까?

가계부채의 주요 원인은 주택담보대출의 급증에 있다. 2024년 한 해만 보더라도, 4분기 전체 가계부채는 전분기 대비 약 13조 원 증가했고, 그중 주택담보대출은 11조 7,000억 원을 차지했다. 주택담보대출이 모든 가계 부채 증가세를 압도했다. 결국, 가계부채의 대부분이 주택 구매를 위해 이루어진 대출이라는 것이다.

물론 우리나라뿐만 아니라 전 세계적으로 많은 사람들이 주택 구매 시 대출을 이용한다. 그 이유는 단순하게도 주택 가격이 너무 높아 현금으로 구매하기 어렵기 때문이다. 그러나 이러한 대출 행위는 상당한 위험을 동반할 수도 있다. 2018년 노벨경제학상 수상자인 폴 로머는 주택담보대출을 이렇게 표현한다.

> "집은 워낙 비싼 재화라 일시불로 살 만큼의 돈을 모으려면 몇십 년은 걸릴 것입니다. 이런 문제를 해결하기 위해 전 세계 금융 시스템이 내놓은 해답이 바로 대출입니다. 담보 대출을 받아 집을 산 다음, 미래의 수입으로 대출을 갚는 것이죠."

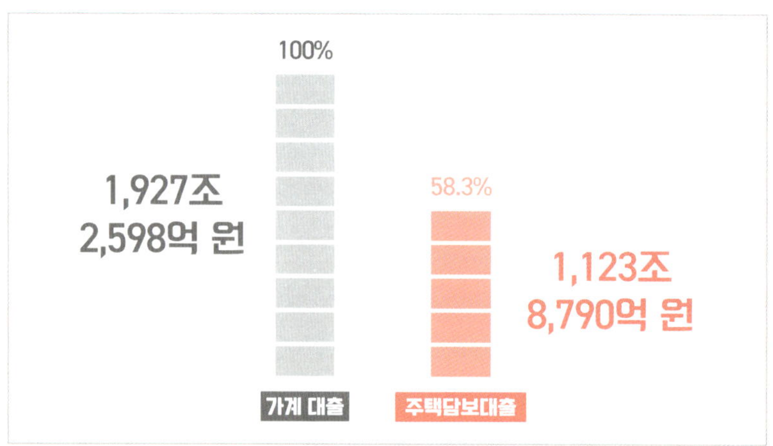

출처 : 한국은행 2024년 4분기 기준

주택담보대출의 위험성

여기, 미래의 수입을 당겨온 한 여성이 있다. 베리티(가명) 씨는 대학교 입학 당시부터 빚을 지고 있었다. 입학금을 마련하기 위해 어머니와 함께 은행을 찾아가 학자금 대출을 받았던 기억이 선명하다. 베리티 씨가 학자금 대출을 모두 갚은 것은 이직 후 퇴직금을 받았을 때였다. 어린 나이에 대출을 상환한 경험이 그녀에게는 일종의 자신감을 심어 주었다.

"그때부터 빚을 가지고 뭔가를 한다는 게 되게 자연스럽고, 빚지는 게 아무렇지 않더라고요. 내가 갚을 거니까, 내 신용을 보고 대출해 준 거니까요."

그 자신감을 바탕으로 그녀는 다시 대출을 받았다. 이번에는 대출의 규모도 훨씬 컸다. 무려 5억 1천만 원. 그 돈으로 무엇을 했을까? 당연히 집을 샀다. 그것도 2020년 부동산 열풍이 정점이었던 시기에 말이다. 그러니까 그녀가 뉴스에 등장하는 이른바 '영끌족'인 것이다.

그녀는 5억 1천만 원을 대출받아 7억 5천만 원짜리 집을 구입했다. 그렇다면 그녀의 진짜 재산은 7억 5천만 원일까? 당연히 아니다. 그녀의 순자산은 집값에서 대출을 뺀 나머지 금액이다. 이를 에쿼티• 혹은 '순자산'이

• 에쿼티(Equity)
경제 및 금융 분야에서 다양한 의미로 사용되는 용어로, 기본적으로 총자산에서 대출받은 금액을 제외한 나머지 자산인 순자산을 의미

라고 부른다. 구입 당시 그녀의 순자산은 집값 7억 5천만 원에서 대출금 5억 1천만 원을 뺀 2억 4천만 원이었다. 그런데 시간이 지나도 그녀의 자산 가치는 유지될 수 있을까?

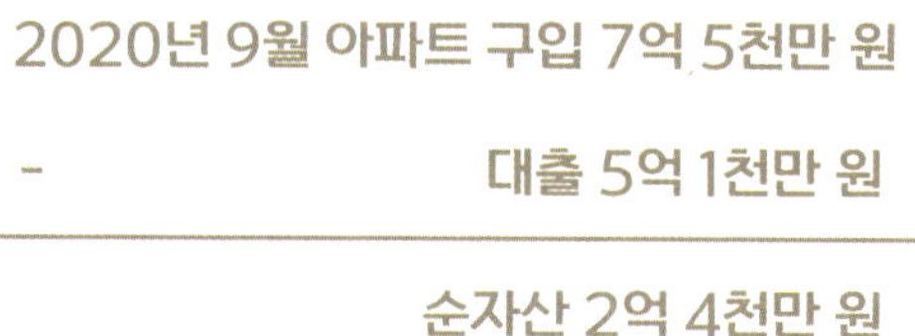

집값이 오르거나 유지된다면 당연히 순자산도 증가하거나 그대로일 것이다. 실제로 그녀의 집 시세는 10억 원까지 치솟았었다. 하지만 이내 곤두박질치기 시작했다.

"그 당시에 7억 5천만 원에 샀는데, 2022년 봄부터 떨어지기 시작했어요. 그리고 2023년 봄에 5억 원 초반까지 떨어졌는데, 그때 사실 좀 아찔했죠."

베리티의 집 시세 변화

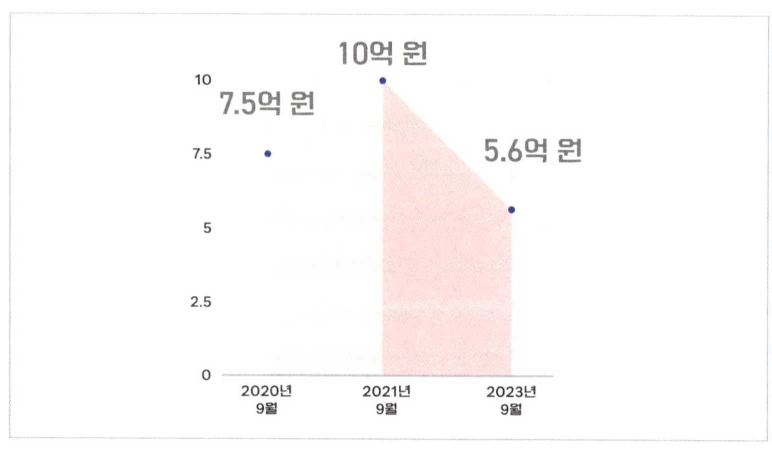

한때 5억 원대 초반까지 하락했던 집 시세는 현재(2024년) 약 6억 5천만 원으로 회복된 상태다. 만약 그녀가 지금 집을 시세대로 매각한다면, 순자산은 집값 6억 5천만 원에서 대출금 5억 1천만 원을 제외한 1억 4천만 원이 된다.

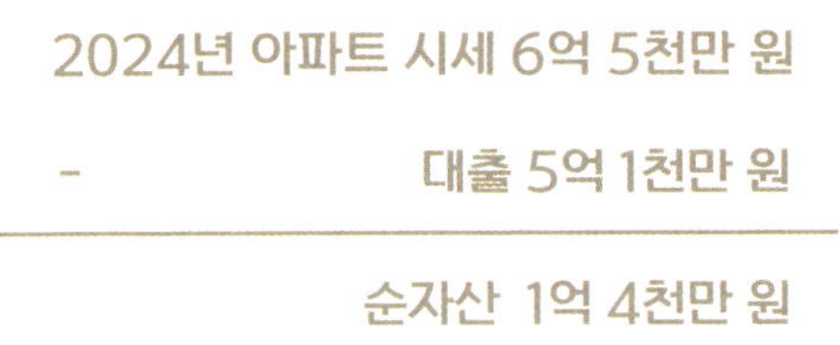

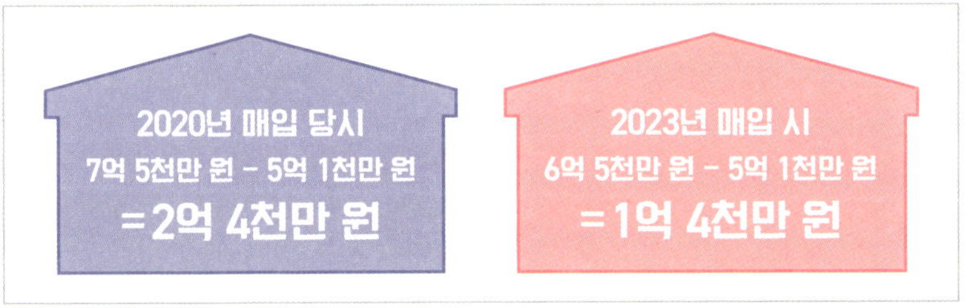

결과적으로, 그녀의 순자산은 4년 만에 1억 원이나 감소했다. 단지 집을 구매하고 4년간 거주했을 뿐인데 말이다. 그렇다면 아직 남아 있는 대출금 5억 1천만 원은 앞으로 어떻게 될까?

당연히 대출금 5억 1천만 원은 변하지 않는다. 집값이 아무리 하락하더라도, 은행의 원금과 이자는 그대로다. 이는 대출 계약이 채무자가 전적으로 위험을 부담하는 구조로 설계되어 있기 때문이다. 옥스퍼드대학교 경제학과 교수 마틴 엘리슨은 은행에서는 이 같은 일이 벌어질 것에 대비해 놓는다고 말한다.

"집값이 내려가면 은행도 문제가 됩니다. 그래서 은행에서는 그런 위험을 감안하여 처음부터 더 높은 이자율을 부과하죠. 그러면 위험을 분산시킬 수 있으니까요."

하지만 아무리 높은 이자율로 대비를 하더라도, 채무자가 이자 상환을 제때 하지 못한다면 은행 역시 손실을 볼 수밖에 없다. 그때부터 은행과 채무자 간의 또 다른 갈등이 시작된다. 이는 은행이 채권 회수를 위해 법적 절차를 진행하거나, 담보를 처분하는 등의 조치를 하는 과정으로 이어질 수 있다.

경매로 끝나는 빚의 여정

집이 경매로 넘어갔다.

아마 한 번쯤 들어 본 말일 것이다. 이자를 제때 내지 못하거나 대출 원금을 상환하지 못하면 소유하고 있는 집이 경매로 넘어간다. 더욱 정확히 말하면 임의경매•이다. 은행은 채권자로부터 채권 회수가 이뤄지지 않을 경우, 추가적인 허가 절차 없이 채권 회수를 위해 담보로 잡힌 부동산을 경매로 처분할 수 있는 권리를 가진다.

• 임의경매
채무자의 채무불이행 시 채권자가 담보로 설정된 재산(부동산)에 설정한 담보권을 실행하여 자신의 채권을 회수하는 법적 경매 절차

경매 법정

경매에 부쳐진 부동산은 경매 법정에서 최고가를 제시한 입찰자가 낙찰받게 된다. 낙찰자가 해당 부동산의 매수 대금을 모두 납부하면, 소유권은 낙찰자에게 이전되며, 은행은 이를 통해 이전 소유자로부터 회수하지 못했던 대출금을 정산받게 된다.

그렇다면 경매 법정에서 낙찰받는 사람들은 과연 누구일까? 실제 낙찰자들의 이야기를 들어 보며 그 과정을 살펴보자.

> "처음엔 경매에 대한 이미지가 별로 좋지 않았어요. 불편하신 분들의 마음을 상하게 하는 물건이라고 생각했는데, 또 다른 한편으로 보면 금전적으로 어려운 분들이 경매를 통해서 빨리 그러한 상황에서 벗어날 수 있기도 하고, 저도 좋은 조건으로 물건을 구입할 기회라고 생각해서 관심을 가지게 되었습니다."

경매를 통해 부동산을 낙찰받은 후, 낙찰대금은 어떻게 납부할까? 예

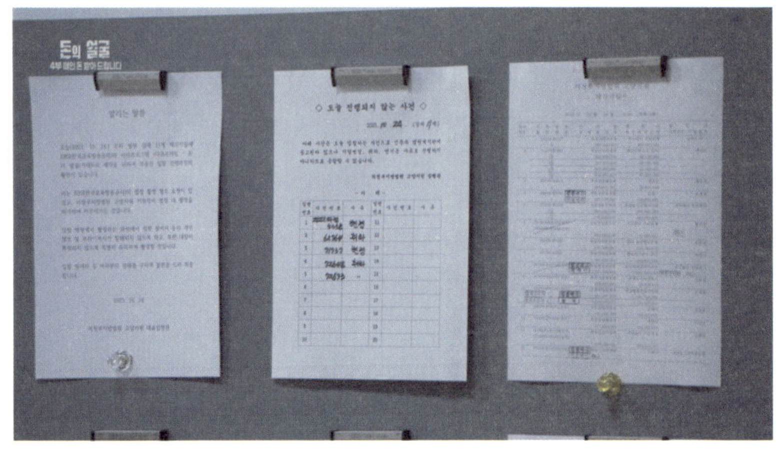

경매 법정의 게시판

를 들어, 6억 5천만 원짜리 집을 낙찰받았다면, 전액을 즉시 준비해야 낙찰받을 수 있는 것일까? 물론 그렇지 않다. 경매로 낙찰을 받아도 대출을 활용해 대금을 마련할 수 있는데, 이때 받는 대출은 주택담보대출이 아닌 경락잔금대출•이라고 부른다. 낙찰자가 경락잔금대출을 받아 낙찰대금을 납부하면, 해당 부동산의 소유권은 낙찰자로 이전되는 동시에 이전 소유자이자 채무자의 채권은 소유권의 상실과 함께 정리된다.

하지만 대출금을 상환하지 못한 이전 소유자는 소유권뿐만 아니라 금전적인 손실도 입게 된다. 경매로 낙찰되는 금액이 일반적인 매매 시세보다 낮게 형성되는 경우가 많기 때문이다. 은행 또한 기존 소유자가 계속

• **경락잔금대출**
법원 경매나 공매를 통해 부동산을 낙찰받은 후, 잔금을 지급하기 위해 신청하는 대출 상품

대출금을 상환하는 것이 유리하지만, 채권 회수를 위해 일정 부분 손해를 감수하며 경매를 진행할 수밖에 없다.

그렇게 부실 채권이 된 대출금은 은행을 떠나 채무자의 손으로 넘어갔다가, 소유권 이전과 경매 과정을 거쳐 다시 은행으로 돌아오며 그 생애를 마감하게 된다.

05
빚의 그늘
빚진 사회는 어떤 대가를 치르는가?

그렇다면 상환하지 못한 빚은 어떻게 처리될까? 단순히 물거품처럼 사라지는 걸까? 그렇지 않다. 은행에서 발생한 대출금은 단순히 대출자 개인뿐만 아니라, 사실상 우리 모두가 함께 부담하고 있다고 볼 수 있다. 이에 대해 26년 경력의 신용관리사 성백림 씨는 다음과 같이 이야기한다.

> "채무자가 갚지 않은 빚은 전체의 책임으로 조금씩 다 짊어지고 있습니다. 모든 금융권에는 법적으로 '대손충당금'을 쌓아야 합니다. 정상적으로 대출을 이용하는 고객도 이 비용을 일부 부담하고 있는 것이죠."

그렇다. 은행이 회수하지 못한 대출금은 결국 은행을 이용하는 모든 고객이 대손충당금[●]이라는 이름으로 힘을 모아 메워 주고 있는 셈이다. 하지만 그렇다고 해서 은행이 손해를 피할 수 있는 건 아니다.

은행에 손실을 입히고 대출금을 갚지 않은 채무자들에게는 대가가 따른다. 이에 대해 성백림 신용관리사는 다음과 같이 이야기한다.

> "품격을 지키기 어려운 게 빚이거든요. 현대사회는 신용사회이기 때문에, 현금이 있어도 신용이 없으면 살기 힘듭니다."

돈을 갚지 않은 이들은 그 대가로 신용을 잃는다. 그렇다면 신용을 잃으면 인생이 어떻게 달라질까? 1억 원 이상의 빚을 지고 있는 직장이 무무씨의 이야기를 통해 그 변화를 살펴보자.

무무 씨는 자신이 빚을 지게 될 거라고는 상상조차 하지 못했다. 엄마가 사망하기 전까지 말이다. 엄마의 사망 후 자신에게 큰 빚이 남겨졌다는 사실을 알게 되었는데, 당시 그녀의 나이는 겨우 스무 살이었다. 사회생활조차 시작하지 않은 어린 나이에 큰 빚을 떠안은 그녀는 이를 감당하기 위해 또 다른 빚을 질 수밖에 없었다.

자동차담보대출 : 3천만 원

은행대출 : 4천만 원

카드 빚 : 5천만 원

● **대손충당금(Allowance for bad debts)**
은행이 돈을 빌려준 뒤 회수가 불가능할 것으로 예상되는 금액에 대비하기 위해 설정하는 회계적 준비금

빚이 그녀의 일상에 미치는 영향은 생각보다 훨씬 크고 무거웠다.

"우선 후불 교통카드가 안 돼요. 신용카드는 당연히 안 되고, 집을 구할 때도 다 현금으로 마련해야 하니까 그런 게 가장 어렵죠."

이런 불편함을 겪게 된 이유는 신용●을 잃었기 때문이다. 현재 그녀의 신용점수는 322점(나이스 기준)으로, 하위 4%에 해당하는 매우 낮은 점수이다. 쉽게 말해 100명 중 96등 수준의 신용 상태인 셈이다.

개인신용등급●이 낮은 사람은 당연히 대출을 이용하기가 어렵고, 설령 대출을 받을 수 있더라도 신용이 좋은 사람들에 비해 훨씬 높은 이자를 부담해야 한다. 이렇게 이자율에 차이가 생기는 이유에 대해 벨파스트퀸즈대학교 재무학과 교수 존 터너는 다음과 같이 설명한다.

"신용점수가 낮은 사람들이 더 높은 이자를 지불해야 하는 이유는 은행이 개인에게 돈을 빌려줄 때 그들의 지급 능력과 상환하지 못할 위험을 고려하기 때문입니다. 신용 기록이 좋지 않은 사람일수록 더 큰 위험이 있기 때문에, 은행은 더 높은 이자를 부과할 수밖에 없는 것이죠."

- **신용(Credit)**
  금융 관점에서의 신용은 돈이나 상품을 현재 제공하고, 이후 상환을 약속받는 경제적 거래의 신뢰를 의미
- **개인신용등급**
  금융기관이 개인의 신용도를 평가하기 위해 사용하는 척도로, 개인이 얼마나 신용을 잘 관리하고 상환 능력이 있는지를 수치화하거나 등급화한 것

빚은 돌고 돈다

은행은 대출을 통해 발생하는 이자 수익만으로 이익을 창출하는 것은 아니다. 대출자들의 빚을 특정 방식으로 묶어 다른 이들에게 다시 판매하기도 한다. 빚을 또 판매한다니, 다소 생소하게 들릴 수도 있다. 옥스퍼드 대학교 경제학과 교수 마틴 엘리슨의 설명을 들어 보면 이를 더욱 명확하게 이해할 수 있다.

> "부채는 항상 다양한 주체 사이에서 거래됩니다. 부채가 원활히 거래되면, 여러 사람의 부채를 모아 하나의 패키지 상품으로 만들 수 있습니다. 리스크를 다른 사람과 공유하여 부채 상환 의무라는 특성을 보인 금융상품이 탄생하는 것입니다."

그렇다면 부채를 어떻게 하나의 패키지 상품으로 만들 수 있을까? 그 핵심은 채권●이다. 채권이란 쉽게 말해 정부, 공공기관, 기업 등이 장기적인 자금을 마련하기 위해 돈을 빌리고 발행하는 일종의 차용증서로, 일정 만기일까지 빌린 돈을 상환하겠다는 약속을 담고 있다. 정부, 공공기관, 주식회사 등 다양한 주체가 발행하고, 주식처럼 누구나 자유롭게 매매할 수 있다. 일반 투자자들은 채권을 매입함으로써 투자에 참여할 수 있고, 여러

● **채권(Bond)**
정부, 공공기관, 기업 등 발행 주체가 자금을 조달하기 위해 투자자들에게 발행하는 고정 수익 증권

금융회사나 투자회사가 판매하는 채권을 통해 우리의 예금이 자본시장으로 흘러들어 간다. 결국, 개인이나 기업이 대출받은 자금이 누군가의 예금에서 비롯된 것처럼, 다양한 경로로 판매되는 채권 역시 본질적으로는 누군가의 예금인 셈이다.

예를 들어, 당신이 은행에서 대출을 받아 집을 구입했다고 해 보자. 은행은 당신의 대출 차용증서를 채권 형태로 발행한 뒤, 이를 쪼개어 투자자에게 판매한다. 투자사는 다시 이 채권을 더욱 잘게 나누어 다른 투자자에게 판매하거나, 여러 개의 채권을 조합해 새로운 패키지 상품으로 만들어 다시 팔기도 한다.

문제는 이러한 구조로 인해 내가 구입한 채권이 정확히 어떤 채권인지, 어떤 위험을 안고 있는지 명확히 알지 못한 채 거래될 수 있다는 점이다. 결국,

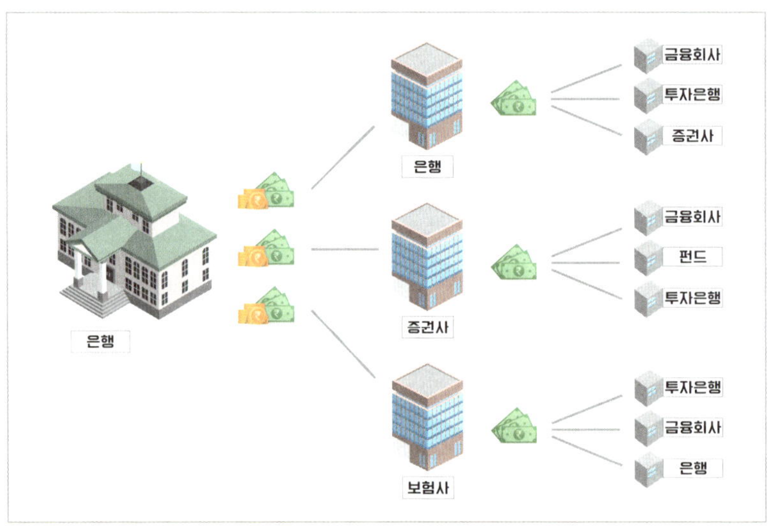

돌고 도는 빚

금융기관은 수익을 창출하기 위해 계속 빚을 돌려 가며 빌려주는 것이다.

'High risk, High return' 말 그대로 더 큰 위험을 감수할수록 더 큰 이익을 얻을 수 있다는 뜻이다. 이러한 가능성을 좇아 누군가는 높은 이자율에도 불구하고 끊임없이 대출을 받아 더 큰 수익을 추구한다. 그러나 前 퍼스트리퍼블릭 은행 전무이사 메리 카사리스는 이러한 위험에 노출되는 것에 대해 경고의 메시지를 전한다.

"돈이 사람에게 상처를 입히는 방법은 두 가지가 있어요. 하나는 너무 탐욕스러워져서 계속 돈을 빌리고, 빌리고 또 빌리는 것이고, 다른 하나는 돈을 빌려주는 탐욕스러운 집단이 계속 돈을 빌리라고 부추기는 것입니다. 그래야 그들은 돈을 벌 수 있으니까요."

이 채권이 건강한 채권인지 부실한 채권인지, 안전한지 아닌지 명확히 파악하지 못한 상태에서 이를 매입하거나 투자하는 행위에는 엄청난 위험이 도사리고 있다. 옥스퍼드대학교 경제학과 교수 마틴 엘리슨은 이러한 위험을 '소시지'에 비유해 설명한다.

"문제는 나의 부채를 캐나다 연기금이 매입하고, 이를 다시 한국의 보험회사가 매입한 후 다시 호주은행에 매각할 수 있다는 것입니다. 나의 부채가 돌고 도는 것이죠. 그리고 그 부채가 어떤 것인지 제대로 알지 못한 채 그저 양질의 부채일 거라는 환상이 만들어지는 것입니다."

그 과정이 마치 소시지가 무엇으로 만들어졌는지 모른 채 먹는 것과 유사하다. 우리는 소시지가 어떤 재료로 만들어졌는지 알지 못한 채 그 맛

만을 믿고 먹는다. 겉으로 드러나는 단순한 맛에 의존해 우리의 건강을 내어 맡기는 것이다. 마찬가지로 금융 시스템에서도 채권의 상태를 명확히 알지 못한 채 투자하는 경우가 많다. 겉보기에는 그럴듯해 보이지만, 속을 들여다보면 예상치 못한 위험이 도사리고 있을 수 있다는 것이다.

여러 채권에 담보 잡힌 집값이 하락한다면, 대출자가 파산할 가능성은 물론, 해당 채권에서 파생된 금융상품에 엮여 있는 사람 모두 도미노처럼 연쇄적으로 파산할 수 있다. 이런 위험이 현실로 드러난 대표적인 사례가 2008년 미국발 금융위기다. 경제 회복을 위해 시행된 저금리 정책으로 인해 신용등급이 낮은 사람들까지 대출할 수 있게 되었고, 결국 주택시장에 형성된 거품은 붕괴하고 말았다.

대출이 불러온 도시의 최후

부실 채권이 발단이 되어 발생한 2008년 미국발 금융위기는 1929년 대공황 이후 최악의 금융위기로 평가되며, 전 세계에 연쇄적인 충격을 안겼다. 그리고 그 영향은 한때 번영했던 한 도시를 송두리째 집어삼킬 만큼 강력했다. 미국의 디트로이트가 그 대표적인 예로 꼽힌다.

올해로 90세를 앞둔 밥 브룩스 씨는 디트로이트에서 나고 자랐다. 그는 89년간 이 도시의 흥망성쇠를 온몸으로 겪은 산증인이다. 밥이 청년이었던 1950~60년대 디트로이트는 세계 자동차 산업의 중심지로 번영을 누리며 미국에서 네 번째로 큰 도시로 성장했다. 밥이 기억하는 자동차 회사만도 수십 개다.

> "저는 살면서 수많은 자동차 기업의 시작을 보았습니다. 꽤 많았어요. 허드슨모터, 패커드모터, 내쉬, 쉐비(쉐보레), 뷰익, 오즈모빌, 캐딜락, 포드, 머큐리, 링컨…. 지금은 대부분 사라졌지만요."

하지만 번성했던 자동차 산업이 쇠락하면서 디트로이트도 급격히 몰락의 길을 걷기 시작한다. 한때 200만 명에 육박했던 인구는 급격히 줄어들었고, 도시에 방치된 빈집은 무려 10만 채에 달했다. 2008년 금융위기가 쓰나미처럼 도시를 휩쓸며 그 몰락은 가속화되었지만, 사실 부실 채권의 징조는 이미 2002년부터 서서히 나타나고 있었다.

디트로이트 주택 구입 대출 건수

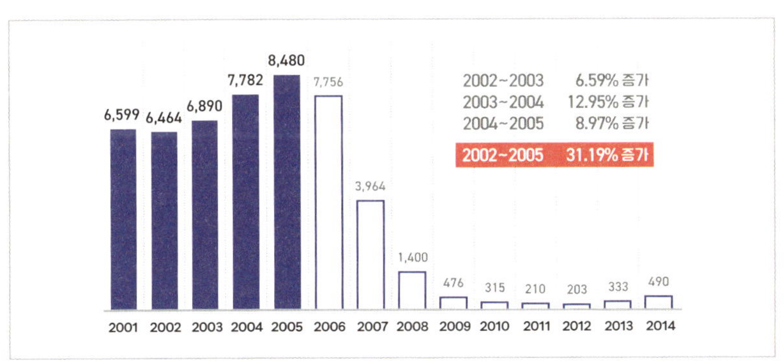

디트로이트 시민들은 그 시기를 은행원들이 집마다 찾아와 대출을 권유하던 시기로 기억한다. 그 결과 2002년부터 2005년까지 디트로이트의

담보대출은 31.19%나 증가했다. 대대적인 금융 규제 완화로 인해 부실 채권이 남발될 수밖에 없는 환경이었다. 이러한 상황이 어떤 결과를 초래했는지 미시간주립대학교 지방재정학센터장 에릭 스콜손의 설명을 들어 보자.

"소득 증빙을 많이 요구하지 않는 모기지(담보대출)와 대출 유형들이 허용되었습니다. 불경기와 더불어 경제 침체가 왔을 때 많은 사람들이 집을 잃었고, 그런 집들이 압류되고 소유권이 넘어갔죠. 그리고 이것이 지난 10년간 이 도시에서 계속되고 있는 문제입니다."

결국 부실 채권은 한 도시, 나아가 한 국가를 삼켜 버릴 정도로 심각한 부작용을 낳는다. 영원히 지속될 것 같았던 자동차 산업도 처참한 결말을 맞이했다. 이를 지켜본 밥 브룩스 씨의 한탄 섞인 자조는 '빚'을 바라보는 우리의 관점을 다시금 돌아보게 만든다.

"좋은 삶이었고 좋은 도시였어요. 성장하는 것도, 몰락하는 것도 봤죠. 좋은 추억이죠, 좋은 추억. 하지만 지금은 다 사라졌어요."

그럼에도 불구하고 인류는 돈을 빌리고, 은행은 다시 그 빚을 나눠 또 다른 금융기관에 판매하고, 상환 혹은 경매를 통해 채권을 회수하며 이 시스템을 유지한다. 태초부터 빚이 존재했던 것처럼, 이 땅에 살아남은 사피엔스들은 빚과 함께 최후까지 살아갈 것이다. 당신은 그 끝나지 않는 드라마의 주인공을 꿈꾸는가? 당신은 얼마를 빌렸는가? 혹은 빌릴 계획인가?

COLUMN

빚이 능력이라고? – '레버리지 사회'의 위험한 착각

"빚은 곧 능력이자 자산이다."

요즘 부동산이나 주식 커뮤니티를 둘러보면 흔히 볼 수 있는 말이다. 일견 타당해 보인다. 대출을 활용해 더 큰 수익을 거두는 '레버리지' 전략은 오늘날의 자산 시장에서 널리 쓰이는 방식이다. 그러나 그 논리를 따라 무분별하게 빚을 쌓아 올린 결과, 현재 한국의 GDP 대비 가계부채 비율은 무려 98.9%로 세계에서 가장 높은 국가 중 하나이다. 『돈의 얼굴』 4부는 이러한 '빚의 시대'를 정면으로 응시한다. 학자금, 카드론, 코인, 주식, 전세자금까지. 사람들은 다양한 이유로 대출을 받지만, 공통점은 있다. 빚에는 항상 대가가 따른다는 점이다. 빚을 낸 투자로 엄청난 자산가가 된 의사, 하루 3시간만을 자며 투잡을 뛰는 청년, 채권추심에 시달리는 직장인. 빚은 단순한 숫자가 아니라, 삶의 구조를 바꾸는 양날의 칼이다.

은행은 이 구조의 중심에 있다. 예금을 바탕으로 반복적인 대출을 만들고, 이를 다시 금융상품화해 시장에 판매한다. 대출은 그 자체로 은행의 '상품'이고, 우리는 이자를 지불하며 그 상품을 구매한다. 하지만 그 이면에는 '리스크의 사회화'라는 문제가 숨어 있다. 채무자가 빚을 갚지 못하면 은행은 대손충당금으로 손실을 메우고, 이는 다른 금융 소비자에게 전가된다. 누군가의 무리한 대출은 모두의 비용이 되는 셈이다. 더 큰 문제는, 개인의 부채가 언제든 시스템 리스크로 확산될 수 있다는 점이다. 2008년 미국의 금융위기 당시 부실채권이 파생상품을 통해 전 세계에 퍼져 나가면서, 수많은 사람들이 일자리를 잃고 글로벌 경제가 붕괴 일보 직전까지 갔다. 금융은 구조적으로 위험을 감추며 이익을 좇는다. 그리고 대부분의 금융위기에 앞서 쉬운 대출이라는 모습으로 우리에게 손을 내민다. 그러나 그 위험이 세상에 드러나면 비용은 모든 이가 세금이라는 형태로 나눠서 지게 된다.

이제 묻자. '대출이 내 능력'이라는 말은 과연 진실인가? 아니면 시스템이 우리에게 속삭이는 환상일 뿐인가? 레버리지를 통한 자산 확대는 엄격한 자기관리와 명확한 계획이 있을 때만 가능하다. 그렇지 않으면 그것은 '자산의 확대'가 아니라 '몰락의 연습'일 뿐이다. 지금, 이 순간에도 수많은 사람이 '영끌'로 집을 사고, 신용거래로 주식을 매수하며, 빚을 미래의 수익이라 믿는다. 하지만 그 미래는 올 수도, 오지 않을 수도 있다. 지금 필요한 건 더 많은 대출이 아니라, 더 많은 자각이다.

연세대학교 상경대학 경제학부 교수

최상엽

“돈은 사람에게
두 가지로 상처 입힌다.
하나는 탐욕으로 돈을 빌리고
또 빌리는 것,
또 하나는 탐욕스러운 집단에서
돈을 빌려라 빌려라 하는 것이다.”

메리 카사리스 / 前 퍼스트리퍼블릭 은행 전무이사

5부

돈의 또 다른 얼굴, 암호화폐

“언젠가는, 지갑조차
필요 없게 될 거예요.
휴대폰도 필요 없고요.
대신에,
몸에 칩을 이식하는 방향으로
진화할 수도 있겠죠.”

한 개발금융회사 직원

당신의 돈은 믿을 만한 것인가?

여기, 대출을 받지도, 주식에 투자하지도, 도박에 손을 대지도 않았음에도 불구하고 파산한 사람들이 있다.

"저는 도박, 주식은 하지 않았습니다. 다 말아먹었죠."

"1억 원을 찍을 줄 알았는데 주르륵 떨어지더라고요. 그리고 다시는 올라가지 않아요."

"머리가 터지기 직전, 30분 동안 기도했었죠. '이거 터지면 안 됩니다' '이거 터지지 않게 해주세요' 했지만, 결국에는 터졌어요."

"아침 아홉 시가 되면 오늘의 경주마가 어떤 경주마인지 꿈틀꿈틀하는 애를 찾아다니는 거예요."

주식도 아니고, 돈도 아니며, 도박조차 아닌데 사람들을 이토록 열광하게 만드는 존재는 과연 무엇일까? 바로 코인이다. 전 세계를 뜨겁게 달구고 있는 이 '코인'의 실체는 무엇일까? 당신도 코인 열풍에 동참하고 있는가? 이제 우리는 코인이라는 이름 아래 움직이는 돈의 실체를 들여다보려 한다. 당신도 이미 그 세계의 문을 열었을지 모른다.

01 돈의 여행 돈은 어디로 이동하나?

코인의 실체를 이해하기 위해서는 돈의 진정한 얼굴을 찾아 긴 여정을 떠나야 한다. 이번에는 중부 아프리카로 떠나 보자. 나이지리아 아비아주의 한 건설 현장에는 14살 소년 브레스가 형들 틈에 끼어 기술을 배우며 땀 흘리고 있다. 그의 고향은 나이지리아와 국경을 맞대고 있는 베냉. 브레스는 일자리를 찾아 이곳 나이지리아까지 오게 되었다. 내일은 오랜만에 고향으로 돌아가 엄마를 만날 생각에 들떠 있다.

고향을 떠나온 지 3년이 흐른 지금, 그가 하루에 버는 수입은 나이지리아 돈 5,000나이라(약 5천 원). 그중 3,000나이라(약 3천 원)는 저축하고 그 절반은 고향에 계신 엄마에게 보낸다.

그런데 그가 고향에 돈을 보내는 방식이 좀 특이하다. 1년에 한 번씩, 모은 돈을 직접 들고 베냉의 집으로 향한다. 송금을 하지 않고 직접 가느냐고? 그렇다. 브레스에게는 은행 계좌가 없기 때문이다. 브레스뿐만 아니라 그와 함께 일하는 청년 중 절반가량이 은행 계좌를 가지고 있지 않다. 그들의 이야기를 들을수록 그 이유는 더욱 궁금해진다.

"엄마도 계좌를 만들고 싶어 해요. 그런데 도와줄 사람이 없어요."

브레스와 부모는 왜 은행 계좌를 만들 수 없는 걸까? 이 의문을 풀기 위해 브레스의 여정을 따라가 보자. 그는 고향에 가기 위해 먼저 오웨리 터미널에서 버스를 타고 약 13시간을 달려 라고스에 도착한 후, 라고스 터미널에서 국경까지 3시간을 더 이동해야 한다. 나이지리아와 베냉 국경을 넘어 4시간을 더 달려서야 비로소 고향 집에 닿는다. 사랑하는 엄마를 만

베냉으로 가는 여정

나러 가는 길이기에 20시간의 긴 여정도 기꺼이 감내할 수 있지만, 사실 이 긴 여정의 더 큰 목적은 엄마에게 돈을 직접 전달하는 것이다.

그렇다. 이 길고 긴 여행은 근본적인 이유는 '돈'이다. 더 정확히는 '돈의 흐름' 때문이다. 브레스가 벌어들인 돈이 어떤 방식으로든 엄마에게 전달되어야 하는데, 은행 계좌가 없는 탓에 그 과정이 원활하지 않은 것이다.

그렇다면 왜 베냉 사람들은 은행 계좌를 가지지 못하는 걸까? 이는 베냉의 높은 문맹률과 관련이 있다. 글을 읽고 쓰는 데 어려움을 겪는 사람들이 많다 보니, 은행 계좌를 만드는 건 불가능에 가깝다.

베냉 사람들이 일자리를 찾아 넘어오는 인접국인 나이지리아의 상황도 크게 다르지 않다. 나이지리아의 15세 이상 성인 중 은행 계좌를 가진 비율은 45.3%로, 절반에도 미치지 못한다. 나이지리아 역시 교육이 문제다. 문맹률이 30%가 넘으니, 계좌 보유율이 낮을 수밖에 없다. 글을 읽고 쓸 수 없는 상황에서 복잡한 은행 서류를 작성하는 것은 그들에게 너무나 높은 장벽이다.

이처럼 은행 거래를 하지 못하는 나이지리아 사람들은 돈을 집에 보관한다. 나이지리아 남서쪽 해안가, 물 위에 떠 있는 도시 마코코. 이곳에서 사라는 코코넛 아이스크림을 판매하며 생계를 꾸려 가고 있는데, 장사가 제법 잘 된다. 장사가 잘되는 날이면 일찍 집으로 돌아가 언니와 함께 돈을 세는 시간이 가장 행복하다. 하지만 사라에게도 은행 계좌는 없다. 대신, 비닐봉지가 금고 역할을 한다.

그렇다면 약 2억 명에 달하는 나이지리아 국민들은 어떻게 은행 계좌도 없이 경제 활동을 하고 있을까? 나이지리아는 36개의 주와 250개 이상의 언어가 공존하는 다문화 국가다. 이 다양한 환경 속에서도 법정 화폐는 단 하나, '나이라'다.

돈이 흐르지 않으면, 경제는 멈춘다

국민들이 돈을 집에 보관하며 사용하다 보니, 화폐는 존재하지만 은행으로 유입되지는 않는다. 은행에 돈이 들어오지 않으면 정부가 아무리 돈을 발행해도 시중에 화폐가 원활히 유통되지 않는다. 이러한 상황에서 중앙은행의 통화 정책은 어떠한 효과도 발휘할 수 없다. 이를 해결하기 위해 나이지리아 정부는 국민들이 집에 보관하고 있는 현금을 회수하고자 했고, 그 해결책으로 선택한 것이 바로 화폐 개혁이었다. 2022년 12월, 부하리 나이지리아 대통령은 이를 공식 발표하며 화폐 개혁을 본격적으로 추진했다.

> "존경하는 국민 여러분. 저는 나이지리아 중앙은행이 나이라 지폐 N200, N500 및 N1000을 다시 디자인하도록 승인했습니다."

정부의 계획은 간단했다. 화폐의 디자인을 새롭게 바꿨으니 구권을 모두 신권으로 교환하라는 방침으로, 사람들이 은행으로 돈을 가져오게 하려는 의도였다. 2022년 12월 15일부터 신권이 유통되기 시작했고, 2023년

1월 31일 이후로는 구권의 법적 효력이 정지될 것이라고 공지했다. 구권을 신권으로 교환하거나, 1월 31일까지 은행에 예치하면 신권으로 바꿔 준다는 것이었다. 하지만 이 화폐 개혁은 정부의 계획대로 흘러가지 않았다. 라고스 경영대학원 부학장 올라잉카 데이비드 웨스트는 당시 화폐 개혁에 심각한 문제가 있었다고 지적한다.

"신권으로 교환하려면 구권을 은행 계좌에 이체시켜야 했는데, 이 과정에서 몇 가지 어려움이 발생했습니다. 우선 은행 계좌가 없는 사람은 교환 대상에서 제외됐고, 나이지리아 곳곳에 은행이 개설되어 있지도 않았어요. 통화 개혁이 예정대로 원활하게 진행되는 데 심각한 문제점이 있었던 것입니다."

은행이 없는 지역에 거주하는 사람들은 은행 문턱을 밟아 볼 기회조차 없었다. 설상가상으로 은행을 찾아온 사람들에게 교환해 줄 신권마저 턱없이 부족했다. 한 은행원은 당시를 '패닉' 상태였다고 회상한다.

"우리도 현금이 없었어요. 구권을 받긴 했는데 교환해 줄 신권이 없었죠. 문제가 많았고 패닉이 일어났어요. 고객이 은행을 파괴했습니다. 돈 달라고요."

결국 신권을 구하지 못한 시민들의 시위가 벌어졌고, 시위 중 한 시민이 목숨을 잃는 사건까지 발생한다. 하지만 더 심각한 문제는 은행이 없는 지역에 사는 사람들은 구권을 사용할 수도 없고, 신권으로 교환할 수도 없다는 것이었다. 기존 화폐로는 더 이상 거래를 할 수 없게 된 시민들은 경제 체제가 불안정해지자 자연스레 과거의 방식으로 돌아가기에 이른다. 신권과 구권 사이에 가격 혼란과 교란이 발생한 시장에 물물교환이 다시 등장했다. 화폐 대신 물건으로 거래하며, 화폐가 발명되기 이전의 방식으로 돌아간 것이다.

국민들에게서 돈을 회수하려던 화폐 개혁은 결국 실패했고, 오히려 나이지리아 화폐 '나이라'에 대한 불신만 깊어졌다. 은행과 정부에 대한 신뢰를 잃은 나이지리아 국민들은 신뢰할 만한 새로운 거래 방식을 찾기 시작했다.

02

돈의 앞모습
돈을 독점하려는 정부

이처럼 국민들이 국가의 공식 화폐를 신뢰하지 않는 상황에서도, 중앙은행은 화폐를 계속 발행해야 한다. 그 이유는 무엇일까? 여러 가지 이유가 있지만, 그중 하나는 화폐 발행 자체가 이익을 가져다주기 때문이다. 이를 시뇨리지•라고 하는데, 화폐의 액면가와 주조 비용의 차이로 발생하는 경제적 이익을 말한다.

예를 들어, 1달러의 경우 주조 비용이 2.8센트에 불과하다. 따라서 1달

• **시뇨리지(Seigniorage, 주조이익)**
중앙은행이 화폐를 발행함으로써 얻는 경제적 이익을 의미한다. 이는 발행된 화폐의 명목 가치와 그 화폐를 제작하는 데 들어간 비용 간의 차이에 의해 발생한다.

러에서 제작 비용을 제외한 97.2센트, 즉 97% 이상의 금액이 시뇨리지로 남게 된다. 이러한 시뇨리지는 화폐의 액면가가 클수록 더욱 커진다.

1달러 → 2.8센트(약 37원)

10달러 → 4.8센트(약 63원)

20달러 → 5.3센트(약 70원)

50달러 → 5.2센트(약 68원)

100달러 → 8.6센트(약 113원)

이 이익은 어디로 흘러가는 것일까? 런던정경대학교 화폐금융학과 명예교수 찰스 굿하트는 이러한 이익이 국가의 손으로 들어간다는 사실을 경계해야 한다고 말한다.

"종이돈은 인쇄 비용이 거의 들지 않기 때문에 원하는 만큼 인쇄할 수 있다는 걸 명심해야 합니다. 오늘날 중앙은행은 정부의 일부이자 공공부문의 일부이기도 합니다. 따라서 돈을 많이 인쇄하면 그 가치는 사실상 정부에 돌아가는 것입니다."

결국 화폐는 발행되는 순간부터 세금 역할을 하는 것이다. 이러한 이유로 중앙정부는 오래전부터 철저히 화폐 제작과 발행을 독점해 왔으며, 화폐 위조 행위는 어느 시대, 어느 사회를 막론하고 중대한 범죄로 취급되었다. 그러나 화폐의 역사 속에서 위조 화폐가 등장하지 않았던 시기는 없었다. 누군가는 항상 화폐 제작과 발행이라는 그 신성화된 권리에 도전하며

역사 속 위조 화폐

위조 화폐를 만들어 냈다.

영국 런던에 위치한 영국박물관에는 옛 주화와 위조품들이 함께 전시되어 있다. 다양한 시대의 위조 주화들을 볼 수 있는데, 그중 로마제국 시대에 사용되었던 데나리우스 은화의 진품과 위조 주화를 살펴보자.

기원전 3세기에는 어떻게 위조 주화를 만들었을까? 영국박물관 큐레이터 리처드 앱디의 설명에 따르면, 당시 일반적으로 사용된 위조법은 진품 동전으로 주형을 만들어 속을 비금속으로 채운 뒤, 표면을 도금하는 방식이었다. 이러한 기법은 당시의 기술적 한계를 이용한 대표적인 위조 방식이었다.

이후 점차 다양한 위조 기술이 등장했다. 주화의 테두리를 긁어내어 모은 금속으로 새로운 주화를 제작하는 클리핑 기술, 주화를 마찰시켜 얻은 금속 가루로 새 주화를 만드는 스웨팅 기술 등 다양한 방법으로 개인이 직접 화폐를 제작하려는 시도가 이어졌다.

화폐 제작과 발행을 독점하려 했던 국가는 이를 위협하는 행위를 중죄로 다스렸다. 리처드 앱디의 설명에 따르면 영국에서는 과거 위조 화폐 제작에 연루된 자들을 교수형에 처하기도 했으며, 일부 국가에서는 산 채로 불태우는 극형을 내리기도 했다. 화폐 위조가 단순한 불법 행위를 벗어나, 통치 권력을 속이고 도전하는 행위로 여겨진 것이다.

현대에 이르러서도 위조 화폐 문제는 여전히 현재진행형이다. 그중에서도 세계적으로 가장 악명 높은 위조 지폐는 '슈퍼노트(Supernote)'이다. 슈퍼달러(Superdollar)나 슈퍼빌(Superbill)이라고도 불리며, 주로 100달러 고액권 위조에 사용된다. 정교한 기술로 제작된 슈퍼노트는 진짜와의 구분이 매우 어려워, 진위를 가리는 데 기계는 물론이고 전문가조차 어려움을 겪는다. 최근에는 슈퍼달러뿐만 아니라 슈퍼유로까지 등장하면서 위조 화폐 문제는 더욱 심각해지고 있다.

이처럼 화폐 제작과 발행이라는 국가의 고유 권한을 둘러싸고 이를 독점하려는 국가와 그 권력에 도전하려는 세력 간의 줄다리기는 시대를 초월해 계속되고 있다. 이러한 상황 속에서 사람들은 새로운 욕구를 느끼기 시작했다. 바로 전통적인 법정 화폐가 아닌, 새로운 형태의 돈을 사용하고자 하는 욕구 말이다.

03 돈의 디지털화 계좌를 없애라

은행업은 본질적으로 신뢰를 기반으로 하는 산업이기 때문에, 사람들이 은행을 신뢰해야만 자신의 돈을 맡기고 금융 거래를 할 수 있다. 그리고 그들이 맡긴 돈은 중앙은행이 발행하는 법정 화폐다. 즉, 은행은 중앙정부 권력에 대한 신뢰를 중개하는 역할을 한다. 하지만 나이지리아 사람들에게는 이러한 신뢰가 부재하다. 그들은 중앙정부도, 그 권력을 중개하는 은행도 믿지 않는다. '신뢰할 수 없다'고 보는 편이 더 정확할지도 모른다.

그래서 나이지리아에는 은행 시스템을 이용하지 못하는 사람들을 위한 특별한 시스템이 존재한다. 바로 '에이전시 뱅킹'이다. 흔히 노상 은행 또는 P.O.S(Point of sale)로 불리는 이 시스템은 2013년부터 시작되었으며, 글을 읽지 못하는 이용자들을 위해 그들의 돈을 대신 예금하거나 출금해 주는 방식으로 운영된다. 거리의 작은 은행인 셈이다. 나이지리아에서 20년간 거주하며 IT 및 디지털은행 사업을 하는 최연 대표는 이 독특한 은행을 다음과 같이 표현한다.

> "아주 작은 은행이에요. 길거리에 누가 앉아 있고 기계, 컴퓨터, 태블릿 같은 게 있어요."

그러나 에이전시 뱅킹도 결국 중앙은행의 신뢰를 중개하는 역할만 할 뿐, 은행을 신뢰하지 않는 나이지리아 사람들의 근본적인 욕구를 충족시키지는 못한다. 은행을 이용하기 싫어하는 이들에게 획기적인 시스템이 필요했다. 은행을 방문하지 않고도 거래할 수 있는 혁신적인 시스템 말이다.

거리의 작은 은행 P.O.S

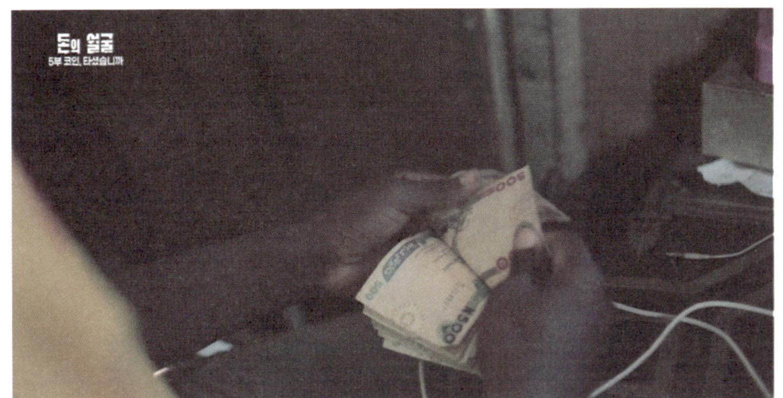

돈을 대신 예금해 주는 P.O.S

이러한 배경 속에서 2021년 10월, 나이지리아는 아프리카 최초로 중앙은행 디지털화폐(CBDC) 'e-나이라'를 도입했다. 지폐를 회수하고 현금 없는 사회를 조성함으로써, 계좌를 보유하지 않은 국민들도 국가의 금융 시스템 안으로 들이는 것을 목표로 한 혁신적인 정책이었다.

라고스 경영대학원 부학장 올라잉카 데이비드 웨스트는 'e-나이라' 도입 초기부터 이를 적극적으로 받아들인 대표적인 '얼리 어답터'였다. 그는 e-나이라 출시 직후 앱을 내려받고 계정을 활성화하며 새로운 시스템을 체험했다. 그렇다면 은행 계좌가 없는 국민들은 어떨까? 은행에 방문하지 않아도 되니 적극적으로 사용하고 있을까?

e-나이라 사용자 : 115만 명

- 2022년 10월 블룸버그 발표

정부가 야심 차게 도입한 'e-나이라'의 사용률은 전체 국민의 0.5%도 안 되는 충격적인 수준이다. 그렇다면 나이지리아 국민들은 은행 계좌도 없고 구권도 사용할 수 없는 상황에서 대체 어떻게 거래를 하며 경제생활을 이어 가는 것일까? 모두가 물물교환으로 살아가는 것도 아닐 텐데 말이다. 그 답은 한 나이지리아 상인의 이야기에서 찾을 수 있다. 그에게 다음과 같이 물었다.

"e-나이라로도 결제받으시나요?"

그의 대답은 단호했다.

"아니요, 받지 않습니다. 정부와 엮여서는 좋은 일이 없어요. 비트코인만큼 확장성도 없고요. 이 정도로만 말씀드리겠습니다."

비트코인이라고? 글을 몰라 은행 계좌조차 개설하지 못하는 나이지리아 국민의 입에서 '비트코인'이라는 단어가 어떻게 나올 수 있는 걸까? 그 비밀을 풀기 위해서는 디지털화폐•의 개념부터 이해해야 한다.

디지털화폐는 말 그대로 물리적 형태의 지폐나 코인이 아닌, 디지털 세계에 존재하는 화폐다. 디지털화폐는 전자화폐, 가상화폐, 암호화폐 등을

• **디지털화폐(Digital currency)**
물리적인 형태의 화폐가 아니라 전자적으로 존재하며 디지털 방식으로 사용되는 화폐를 말한다. 이는 컴퓨터 네트워크나 인터넷을 통해 거래되고, 저장되며, 전송된다.

포함한다. 그중 '전자화폐'는 우리가 일상에서 흔히 사용하고 있는 화폐다. 신용카드를 앱에 심어 사용하는 앱카드나 카카오페이, 네이버페이 등 전자지갑 서비스가 이에 해당한다. 가상화폐는 특정 플랫폼이나 커뮤니티에서만 사용되는 화폐로 게임 머니 등을 말한다.

그렇다면 나이지리아인이 신뢰한다는 비트코인은 어디에 해당할까? 바로 '암호화폐'다. 이 암호화폐는 은행 계좌가 없는 나이지리아인들도 스마트폰만 있다면 손쉽게 사용할 수 있는 완전히 새로운 화폐 시스템이다.

암호화폐의 등장 '블록체인'을 믿는 사람들

그렇다면 암호화폐란 무엇일까? 대체 정체가 무엇이기에 은행도 국가도 신뢰하지 못하는 나이지리아인들이 이토록 절대적인 신뢰를 보내는 걸까?

암호화폐의 개념을 처음으로 제시한 인물은 바로 데이비드 차움이다. 그는 '암호화폐의 아버지'라 불리는 암호화폐 개념 창시자이자 전설적인 컴퓨터 과학자로 잘 알려져 있다. 1970년대 UC버클리 대학원생이던 그는 정보 기술이 미래의 핵심이 되리라는 것을 예견했고, 전 세계 곳곳에서 점점 커지는 빅브라더의 등장을 경계하며 개인 프라이버시 보호와 데이터 독립성의 중요성을 강조했다.

신원 확인 없는 보안 : 빅브라더를 무력하게 만드는 카드 시스템 (1985)

Communications of the ACM, vol. 28 no. 10, October 1985 pp. 1030-1044:
by David Chaum

You may soon use a personal "card computer" to handle all your payments and other transactions. It can protect your security and privacy in new wa while benefitting organizations and society at large.

Computerization is robbing individuals of the ability to monitor and control the ways information about them is used. Already, public and private sector organizations acquir extensive personal information and exchange it amongst themselves. Individuals have no way of knowing if this information is inaccurate, outdated, or otherwise inappropri and may only find out when they are accused falsely or denied access to services. New and more serious dangers derive from computerized pattern recognition techniques:

데이비드 차움의 논문

조지 오웰의 소설 〈1984〉에 등장하는 '빅브라더'는 개인을 감시하고 통제하며 개인의 자유를 위협하는 존재다. 차움은 현대의 거래 시스템에도 눈에 보이지 않는 '빅브라더'가 여전히 존재한다는 점에 주목했다.

무려 40년 전에 발표된 논문 「신원 확인 없는 보안 : 빅브라더를 무력하게 만드는 카드 시스템」에서 차움은 은행의 지불 시스템이 불합리하다고 지적했다. 기계가 모든 것을 대신해 주고 편리함만이 내 몫이라 믿었던 은행 거래에 사실은 눈에 보이지 않는 복잡한 절차가 숨어 있고, 우리는 그 과정에서 알게 모르게 수수료를 지불하고 있다는 사실을 아는 이는 많지 않았다. 중앙정부에서 사람들의 거래를 감시하고, 돈도 챙기는 이 시스템을 차움은 '빅브라더'라 부르며 경계했다.

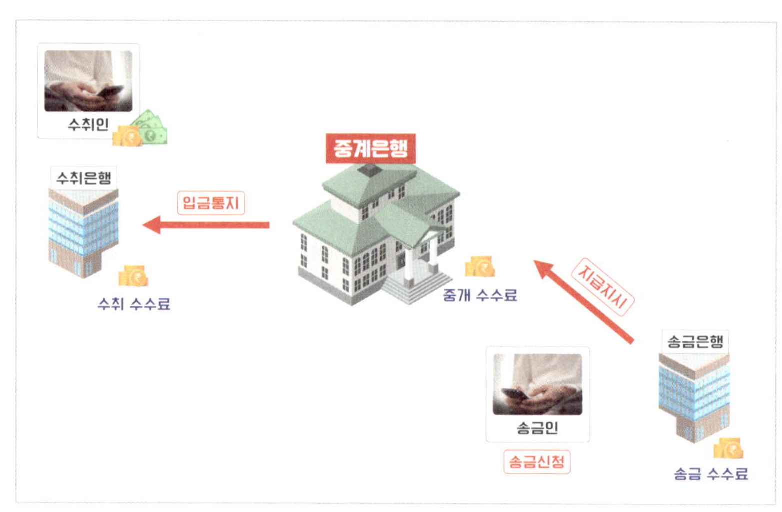

금융 시스템에서의 빅브라더

"소득 수준이 낮을수록 상대적으로 높은 거래 비용이 발생합니다. 국제 거래의 수수료율은 약 2%이고 2조 달러에 달하는 규모입니다. 많은 돈을 무료로 송금할 수 있는데, 국가 간에는 약간의 돈만 옮기려고 해도 비용이 많이 들어요. 그리고 그걸 가난한 사람들이 내는 거예요. 매우 착취적이고 국제 사회의 발전을 저해하는, 해로운 구조입니다."

실제로 금융 시스템에서 빅브라더라는 표현은 이용자의 거래 내역과 데이터가 중앙기관에 의해 감시될 수 있는 위험을 비판하는 의미로 사용된다.

그렇다면 사람들은 왜 여전히 이 빅브라더 시스템에 의존하는 걸까? 조지 오웰이 그의 소설 〈1984〉에서 예견한 미래는 이미 과거 속에 묻혀 버렸는데도 말이다.

이 질문에 대한 답을 찾기 위해, 우리는 5천 년 전 태초의 인류가 살았

맥아와 보릿가루 수령 내역을 적은 장부

던 수메르로 거슬러 올라가야 한다. 인류 역사의 시작을 열었던 수메르인은 인류 최초의 문자 체계인 쐐기 문자를 사용해 점토판에 다양한 기록을 남겼다. 이 쐐기판에는 보리와 맥아를 '쿠심'이라는 사람에게 빌려준 기록이 남아 있다. 기록이 재산이던 당시에는 이러한 장부가 행정관과 쿠심의 거래를 보증하는 중요한 역할을 했다.

만약 행정관과 쿠심의 거래가 은행을 통해 이루어졌다면, 둘의 거래는 은행이 보증하고 기록했을 것이다. 바로 이러한 보증에서 오는 신뢰가 은행의 핵심 가치다. 오랜 세월, 사람들은 은행의 물리적 시설이나 기술이 아니라, 은행이 제공하는 신뢰라는 가치를 위해 기꺼이 높은 수수료를 부담해 왔다.

하지만 은행과 정부라는 빅브라더에 대한 절대적인 신뢰가 흔들리기 시작하면서, 사람들은 새로운 방식을 원했다. 그렇게 암호화폐가 세상에 태어났다. 대표적인 암호화폐 중 하나인 이더리움의 공동 창립자 조지프 루빈은 이러한 변화를 하나의 혁명으로 설명하며, 기존 금융 시스템을 뛰어넘는 새로운 패러다임을 제시했다.

> "사실상 비트코인과 이더리움 같은 프로젝트의 목적은 단순히 금융 기술이나 화폐 기술이 되는 것이 아니었습니다. 가장 중요한 것은 지구상의 신뢰 본질을 바꾸는 거였죠. 지금까지 신뢰는 어떤 권위에 의해 탑다운 방식으로 아래 계층의 중개인에게 부여되는 방식이었습니다."

이처럼 기존 금융 시스템의 중심에 있던 신뢰를 근본적으로 재정의하려는 시도가 시작되었고, 이러한 '신뢰의 탈중앙화' 선언을 가능하게 만든 기술이 바로 블록체인• 이었다.

블록체인 혁명

내 돈을 맡기는 모든 거래에는 어쨌든 '신뢰'가 필수불가결한 요소이다. 그렇다면 어떻게 기존의 방식이 아닌 다른 방식으로 '신뢰'를 형성할 수 있을까? 무엇으로 거래를 보증할 수 있을까? 그 해답은 사용자들에게 있었다. 특정 중앙화된 기관이 아닌, 모든 사용자의 장부가 신뢰를 보증하는

• 블록체인(Blockchain)
디지털 데이터를 안전하게 기록하고 거래를 보증하기 위해 설계된 분산형 데이터 저장 기술

Bitcoin: A Peer-to-Peer Electronic Cash System

Satoshi Nakamoto
satoshin@gmx.com

세상을 뒤흔든 사토시 나카모토의 논문

역할을 하는 것이다. 이것이 바로 탈중앙화된 분산장부 시스템, 블록체인이다.

세상을 떠들썩하게 한 이 금융 혁명은 의외로 조용히, 작게 시작되었다. 세계가 글로벌 금융위기로 혼란에 빠져 있던 2008년의 어느 날, '사토시 나카모토'라는 익명의 인물이 작성한 단 9쪽 분량의 논문이 발표된다.

암호학자들에게 이메일로 전달되었다는 이 논문의 저자는 사토시 나카모토. 이름 외에 알려진 정보는 없으며, 그의 정체는 여전히 미스터리로 남아 있다. 논문은 첫 문단부터 기존 금융 시스템의 틀을 뒤흔들 파격적인 발상을 제시했다.

> "개인 대 개인 버전인 전자화폐는 금융기관을 거치지 않고 한쪽에서 다른 쪽으로 직접 전달되는 온라인 결제를 실현한다."

이 개념은 단순한 기술 혁신에 그치지 않았다. 기존 금융 시스템을 무너뜨리고, 누구나 자유롭게 거래할 수 있는 완전히 새로운 패러다임을 제시한 것이다. 금융기관에 의존하지 않고도 신뢰를 형성하는 새로운 방법을 제시했다는 점에서 혁명적이었다.

이렇게 사토시 나카모토는 블록체인 기술을 이용하여 익명성이 보장되는 세계 최초의 암호화폐 '비트코인'을 개발하는 데 성공했다. 이는 사이퍼펑크 운동가들이 오랫동안 꿈꿔 왔던 '익명성을 보장하는 암호화폐 시스템'의 실현이라는 점에서 큰 의미를 가진다.

'사이퍼펑크(Cypherpunk)'란 암호 기술을 이용하여 개인 프라이버시를 보호하고, 기존의 중앙집권화된 국가와 기업 구조에 저항하려는 사회운동이다. 이 용어는 암호를 뜻하는 사이퍼(Cipher)라는 단어에서 'i'를 'y'로 바꾸고, 기존 권위와 조직에 대한 저항을 의미하는 펑크(Punk)라는 단어를 조합하여 만들어졌다. 비트코인을 비롯한 블록체인 기반의 암호화폐 탄생은 바로 이러한 사이퍼펑크 운동에서 그 뿌리를 찾을 수 있다.

금융기관을 거치지 않고 직접 전달되는 화폐. 당시에는 이 개념이 과연 받아들여질 수 있었을까?

"컴퓨터 과학 측면에서 혁명적이었죠."

대럴 더피(스탠퍼드대학교 경영대학원 재무학과 교수)

"첫 생각은 범죄자들이 좋아하겠단 거였어요. 열성자들에게 인기가 많겠다고요. 몰려들기 좋아하는 사람들 말이에요."

폴 터커(하버드대학교 케네디스쿨 연구교수)

"당시에는 일시적 유행이고 빠르게 사라질 거로 생각해서 그냥 웃어넘겼습니다."

앤드루 레빈(미국 다트머스대학교 경제학과 교수)

"2008년에 처음 비트코인 백서가 나왔을 때 상당히 흥미로웠습니다. 분산장부라는 점이 금융 거래를 활발하게 하는 데 유용해 보였고요. 시장을 더 유동적으로 만들 수 있겠다고 생각했어요. 하지만 비트코인의 가치가 폭등할 줄은 전혀 몰랐어요."

켈리 슈(예일대학교 경영대학원 금융학과 교수)

일부 전문가들이 비웃을 정도로 파격적이었던 이 새로운 발명. 제삼자인 중개자로부터 신뢰를 얻는 대신, 모든 것이 그 자체에 존재하며 깊고 넓게 분산화되어 있는 신뢰 시스템. 조지프 루빈은 이 혁명을 일컬어 '금융의 민주화'라 칭한다.

블록체인 위에 구축된 소프트웨어를 통해 개인이나 기업은 자체적인 금융 도구를 개발할 수 있을 뿐만 아니라, 다양한 금융 도구들을 상호연결하여 더 복잡하고 정교한 구조로 설계할 수도 있다. 더욱이 이러한 금융 시스템은 중앙기관의 허가 없이 누구나 접근할 수 있다는 개방적인 특성이 있다. 새로운 암호화폐의 거래는 채굴자에 의해 검증되고 블록체인에 추가되어 안전하게 기록된다.

이렇게 암호화폐는 지구상의 신뢰와 화폐, 금융의 개념에 대한 완전히 새로운 패러다임을 제시했고, 암호화폐의 가치는 단기간에 폭등하며 전 세계적인 주목을 받았다.

'금융의 민주화'라는 평가에 걸맞게 비트코인은 은행 계좌가 없어 송금하기 어려운 사람들의 송금 수단으로 폭발적인 인기를 끌었다. 엄마에게 돈을 전달하기 위해 무려 20시간을 달려가야 했던 브레스처럼, 나이지리아 사람들은 비트코인에 열렬한 지지를 보냈다.

그렇다면 디지털 인프라가 부족한 이 나라에서 비트코인은 정말 제대로 뿌리를 내리고 있을까?

나이지리아의 중고차 딜러인 압둘 파와는 그 가능성을 현실로 증명해 보이고 있다. 그는 자국 화폐인 나이라 대신 미국 달러와 비트코인을 사용하고 있으며, 이를 통해 비트코인이 이 나라에서 얼마나 실질적으로 활용되고 있는지를 보여 준다.

> "해외에서 자동차를 구매할 때 비트코인이 달러 다음으로 많이 사용됩니다. 그래서 달러가 없어도 해외에 있는 사람들에게 언제든지 비트코인을 보낼 수 있죠. 통화 불안정성의 위험을 분산하고자 비트코인과 미국 달러를 혼용해서 거래합니다. 나이라를 달러로 환전하면 중재 과정에서 가치가 절하되는데, 암호화폐로 돈을 받아 수익을 내고 더 많은 차량을 사지 않을 이유가 없지 않습니까?"

문맹률이 31%에 달해 은행 계좌조차 없는 나이지리아 사람들이 신뢰하는 화폐, 비트코인. 그만큼 접근이 용이하고 사용이 편리하다는 방증이다. 나이지리아 정부가 화폐 개혁을 감행하면서까지 사람들을 은행 시스템에 끌어들이고자 했지만, 이 과정에서 오히려 많은 자금이 비트코인 지갑으로 유입되었다.

더 나아가, 국민들이 비트코인에 보내는 신뢰를 바탕으로 비트코인을 아예 정식 화폐로 채택한 국가들까지 등장했다. 중앙아메리카의 엘살바도르는 2021년에, 그리고 중앙아프리카공화국은 2022년에 각각 비트코인을 국가의 정식 화폐로 채택했다.

하지만 국제통화기금(IMF)은 이들 국가의 비트코인 화폐 채택이 경제 안정성에 위협이 될 수 있다고 경고하며 신중한 접근을 권고했고, 경제학자들 또한 장기적인 관점에서 결과를 지켜봐야 한다고 조언하고 있다.

코인 타세요

암호화폐는 단순한 결제 수단을 넘어, 투자 수단으로도 주목받고 있다. 누구나 손쉽게 소유하고 투자할 수 있다는 점에서 나이지리아 사람들뿐만 아니라 전 세계적으로 열광적인 반응을 얻었다. 암호화폐 트레이더 크리스 아니 역시 비트코인의 가장 큰 매력으로 '금융의 민주화'를 꼽는다.

> "사람들은 부유해지기를 원해요. 기본적인 것들을 구매할 수 있길 바라고, 학비를 낼 수 있기를 바라고, 삶을 즐기고 싶어 합니다. 우리는 돈을 원하고 안전한 계좌를 원합니다. 하지만 비트코인의 매력은 트럼프든, 조 바이든이든, 부하리든, 누가 대통령이든 상관없다는 거예요."

즉, 정치나 경제 상황과 무관하게 누구나 참여할 수 있는 투자 시장이라는 점이 비트코인의 강점이다. 그의 말처럼 부를 꿈꾸는 사람들은 앞다투어 비트코인에 투자하기 시작했다. 통장 계좌도 필요 없었고, 오후 3시에 거래가 마감되지도 않았다. 24시간 거래가 가능했으며, 부동산 투자처럼 거액의 자금이 필요하지도 않았다. 이러한 점들만으로도 충분히 매력적인데, 심지어 주변에서 코인 투자로 큰돈을 벌었다는 사람들까지 나타나면서 투자 열기는 더 뜨거워졌다. 비트코인 투자 열풍에 동참한 사람들의 실제 이야기를 들어 보자.

"초심자의 행운으로 조금 벌기는 했습니다. 그때 한 2백만 원으로 1.5비트코인까지 만들었어요. 3천? 4천? 여타 다른 사람들처럼 벼락부자가 되고 싶어서 시작한 거였죠."

J 씨

"한 5천만 원으로 시작한 거 같은데, 1,300만 원 벌었어요."

S 씨

"목돈 없는 사람들은 솔직히 다른 데 투자하기가 어렵잖아요. 부동산도 그렇고…. 큰 자금이 필요하니까요."

J 씨

하지만 투자하기 쉽다고 해서 쉽게 돈을 벌 수 있는 것은 아니다. 모든 투자가 그러하듯 암호화폐 역시 수많은 개미 투자자에게 절망을 안겨 주는 한편, 소수의 갑부를 탄생시켰다. 그리고 대부분은 안타깝게도 소수의 갑부 위치가 아니라 손해만 보는 개미 투자자의 위치에 속한다.

"비트코인은 0.1개, 0.01개도 살 수 있잖아요. 조금씩 조금씩 모으다 보니까 3,100만 원까지 벌었었는데, 중간에 떨어질 때 못 참고 팔았어요."

S 씨

이 획기적인 화폐 시스템은 혁신 가능성을 제시했지만, 안타깝게도 우리에게 획기적인 수익을 가져다주지는 못했다. 그렇다면 우리는 암호화폐를 단순한 투자 대상으로만 바라봐야 할까? 아니면 이 기술이 바꿀 미래에 더 주목해야 할까?

05 암호화폐의 미래
돈의 어떤 얼굴을 택하시겠습니까?

그렇다면, 암호화폐라는 이 뜨거운 화폐의 미래는 어떨까? 과연 기성 통화를 대체할 수 있을까? 아니면 잠깐의 열풍에 그치며 역사의 뒤안길로 사라질까? 이에 대한 전문가들의 의견은 극명하게 엇갈린다.

먼저 이 새롭고 논쟁적인 화폐 후보가 기성 화폐를 대체할 수 없을 것이라 주장하는 이들은 몇 가지 근거를 제시한다. 그중 하나가 바로 기성 화폐의 세금적 기능이다. 前 영란은행 역사가 포레스트 카피는 국가는 과거에도, 미래에도 세금을 중앙 통화로 징수하려 할 것이고, 이에 따라 암호화폐는 절대로 기성 통화를 대체할 수 없다고 주장한다.

이보다 더 극단적인 평가를 하는 전문가들도 있다. 이들은 암호화폐 자체를 거품이라고 단언한다. 그 근거는 무엇일까? 뉴욕대학교 경제학과 교수 누리엘 루비니의 이야기를 들어 보자.

"암호화폐는 거품이며 근본적인 가치가 없다고 생각합니다. 어떤 것이 화폐가 되려면 계산 단위가 되어야 합니다. 해당 통화로 가격이 책정되어야 한다는 뜻인데, 비트코인으로 가격이 책정된 것은 없죠. 모든 상품과 서비스는 달러, 엔, 유로, 위안, 원으로 가격이 매겨져 있지만 비트코인이나 이더리움으로 매겨져 있지는 않습니다."

그렇다. 아프리카의 나이지리아 상인들이 비트코인으로 물건값을 지불하고, 동북아의 대한민국 시민들이 비트코인에 투자해도, 우리가 구매하는 물건의 가격은 비트코인이나 이더리움으로 책정되지 않는다. 이는 암호화폐가 여전히 화폐로서의 기본적인 요건을 충족하지 못하고 있음을 의미한다.

암호화폐의 한계로 자주 지적되는 또 다른 문제는 바로 화폐로서의 가격 안정성이다. 이러한 맥락에서 암호화폐에 비판적인 견해를 보이는 전문가들도 있다. 런던정경대학교 화폐금융학과 명예교수 찰스 굿하트의 이야기를 들어 보자.

"화폐를 교환하고 물건을 구매하는 수단에는 가격 측면에서의 안정성이 요구됩니다. 하지만 비트코인은 그렇지 않죠. 투기성 도박입니다. 화폐도 아니고 돈도 아닙니다."

이 같은 전문가들의 경고에도 불구하고 암호화폐의 인기는 식을 줄 모른다. 2024년 3월에 시세 1억 원을 돌파한 데 이어 트럼프 미국 대통령의 취임과 함께 2025년 1월에는 1억 5,000만 원을 넘어섰다. 그러다 트럼프 정부의 관세정책 때문에 불과 3개월 만인 4월에는 1억 1,000만 원으로 급락하기도 했다. 도대체 사람들은 왜 여러 단점과 불안 요소에도 불구하고 자신의 귀한 재산을 암호화폐에 투자하는 것일까? 이더리움의 공동 창립자 조지프 루빈은 이에 대해 이러한 답을 내놓았다.

"화폐 가치의 저장 수단으로써, 현재 국가 화폐는 좋은 선택이 아닙니다. 일부 국가들은 연간 100% 이상의 인플레이션을 겪고 있고, 최근 보았듯이 전 세계가 많은 인플레이션을 경험하고 있습니다. 그래서 이런 명목화폐 시스템은 사실상 수명을 다했습니다. 그리고 이것은 해당 화폐를 보유한 사람들에게 좋지 않은 결과를 가져오겠죠."

앞서 살펴본 레바논, 터키를 비롯한 여러 국가가 극심한 인플레이션으로 인해 고통받고 있다. 우리나라 역시 이러한 문제에서 자유롭지 못한데, 사실상 코로나 팬데믹 이후 세계 대부분의 국가가 인플레이션 문제에 직면하고 있다고 해도 과언이 아니다.

이뿐만 아니라 중앙정부와 중앙은행이 국민에게 권력을 행사하지 못하거나 신뢰를 받지 못하는 상황에서는 암호화폐가 강력한 대안이 될 수 있어 그 입지를 더욱 강화할 수 있다는 전망도 있다. 암호화폐 트레이더 크리스 아니는 나이지리아의 사례를 예로 들며 이 점을 설명한다. 지난 수년간 나이지리아 중앙은행이 실시했으나 실패한 정책들이 나이지리아 국민들의 암호화폐 이용을 촉진했고, 이들의 화폐 사용 방식이 중앙은행으로 돌아갈 가능성은 거의 없다는 것이다.

극단적으로 말하자면, 중앙정부에서 권력을 행사하면 은행의 계좌를 폐쇄할 수 있지만, 암호화폐는 그러한 방식으로 빼앗을 수 없다. 암호화폐는 중앙정부의 통제를 전혀 받지 않는 분산형 시스템으로 운영되기 때문이다. 누구든 스마트폰과 인터넷을 통해 암호화폐 계좌를 개설하고 거래할 수 있으며, 이를 막을 방법은 사실상 존재하지 않는다.

핀테크 시대, 화폐의 얼굴

그렇다면 미래의 화폐는 어떤 얼굴을 하고 있을까? 싱가포르에서 매년 열리는 한 페스티벌에서 그 힌트를 엿볼 수 있다. 싱가포르는 싱가포르 달러를 사용하는, 1인당 국내총생산(GDP) 기준 세계 5위의 아시아 강국으로, 이곳에서는 2016년부터 매년 '싱가포르 핀테크 페스티벌'이 개최되고 있다. 2024년에는 150여 개국에서 1만여 기관, 700개 이상의 기업, 6만여 명이 참가해 핀테크 분야의 최신 기술을 선보이고, 글로벌 협력 기회를 모색했다. 핀테크•란 무엇일까? 한마디로 IT 및 모바일 기술과 결합한 다양한 유형의 금융 서비스를 말한다.

• **핀테크(FinTech)**
Finance(금융)와 Technology(기술)의 합성어로, 예금, 대출, 자산 관리, 결제, 송금 등 다양한 금융 서비스가 IT 기술과 결합된 혁신적인 산업

핀테크 기술은 우리의 상상을 훨씬 뛰어넘는 속도로 미래를 향해 나아가고 있다. 싱가포르 핀테크 페스티벌에 참여한 IMF 총재 크리스탈리나 게오르기에바는 세계 중앙은행들이 디지털화폐를 도입하는 흐름을 언급하며 중요한 질문을 던진다.

"얼마나 많은 나라가 중앙은행 디지털화폐를 발행할까요? 현재는 11개국입니다. 1년 후 우리가 이 페스티벌에서 다시 만났을 때는 얼마나 될까요?"

그리고 참가자들에게 다음과 같이 묻는다.

"오늘 지갑에 현금이 있는 사람이 얼마나 있습니까?"

그러자 여기저기에서 '현금이 없다'는 말이 들려온다. 이미 많은 사람들이 앱카드, QR결제 등의 전자화폐를 일상적으로 사용하기 때문에 지갑에서 현금은 점점 사라지고 있다.

이 페스티벌에 참여한 사람들은 너 나 할 것 없이 종이 화폐의 종말을 예견하고 있었다. 심지어 한 개발금융회사 직원은 암호화폐보다 더 먼 미래의 화폐를 제시하기도 했다.

"3000년 전을 돌아보면, 당시 우리에게는 종이 화폐도 없었잖아요. 그러다가 종이돈이 등장했고, 결국에는 사라질 거예요. 더 나은 진화라고 생각합니다. 언젠가는 지갑조차 필요 없게 될 거예요. 휴대폰도 필요 없고요. 대신 몸에 칩을 이식하는 방향으로 진화할 수도 있겠죠."

40년 전, 암호화폐의 기틀을 마련한 인물로 알려진 데이비드 차움도 이 페스티벌에 참가했다. 그가 처음 암호화폐를 세상에 소개할 당시 가장 강조했던 개념은 바로 '탈중앙화'였다. 지금도 그의 시선은 여전히 빅브라더의 감시 아래 존재하는 불균형 문제에 닿아 있다.

"두 가지 아주 큰 문제가 있습니다. 그중 한 가지는 국제적인 소득과 부의 불균형입니다. 모든 문제의 뿌리죠. 우리는 돈보다 나은 게 필요합니다."

오랜 인류의 역사와 함께 발전해 온 화폐는 인류에 날개를 달아 줄 도구이기도 했지만, 동시에 인플레이션과 부의 불균형이라는 새로운 고통을 가져왔다. 그리고 그 고통이 반복되며 사람들을 괴롭히던 40년 전의 어느 날, 차움이라는 청년이 내놓은 하나의 아이디어가 결국은 암호화폐 혁명을 일으켰다.

조개껍데기에서 금과 은, 종이 화폐를 지나 디지털 신호에 이르기까지, 역사가 진화하고 기술이 발전하면서 돈도 계속해서 얼굴을 바꿨다. 그러나 어떤 얼굴을 가지게 되든 돈은 결국 신뢰의 매개체이고, 약속을 기반으로 거래를 가능하게 하는 교환 수단이라는 본질을 잃지 않고 있다.

혹시 당신은 암호화폐에 투자하고 있는가, 아니면 여전히 중앙은행이 발행하는 화폐의 안정성과 권위를 신뢰하고 있는가? 우리의 신뢰가 닿는 그곳에서 우리는 돈의 새로운 얼굴을 마주하게 될 것이다. 당신이 생각하는 돈의 얼굴은 무엇인가?

"저희 어머니처럼 생겼을 것 같네요. 어머니는 아름다우시죠."

"돈은 제 남편입니다."

"만약 돈에 얼굴이 있다면 '모건 프리먼'일 거예요. 모건 프리먼은 신이나 대통령을 비롯해 여러 역할을 맡았으니까요. 이렇게 묻겠어요. '친애하는 모건, 당신은 왜 소수의 손아귀에 있나요?'"

COLUMN

돈의 얼굴이 바뀌고 있다 - 우리는 어떤 신뢰를 선택할 것인가?

돈은 지금도 그 얼굴을 계속해서 바꾸고 있다. 우리의 손에 쥔 돈은 더 이상 종이나 동전만의 형태가 아니다. 스마트폰의 앱 속에서, 디지털 지갑 안에서, 심지어 블록체인 위의 숫자로 변모한 돈은 '화폐의 본질'이 무엇인지 다시 묻게 만든다.

『돈의 얼굴』 5부는 이 물음에 대한 시의성 있는 답을 제시하고자 한다. 나이지리아의 사례는 그 축소판이라 할 수 있다. 은행 계좌조차 없는 대다수 시민, 정부의 화폐 개혁 실패, 그리고 국가 통화에 대한 불신은 국민들을 비트코인이라는 새로운 신뢰 체계로 이끌었다. 이곳에서 블록체인은 더 이상 기술만이 아닌 '신뢰의 민주화'로 기능한다. 정부도, 은행도 아닌, 네트워크 위의 사용자들이 주체가 되는 시스템은 중앙집권적 금융 질서의 대안으로 떠오르고 있다.

하지만 이러한 변화를 마냥 환영할 수는 없다. 비트코인을 비롯한 대부분의 가상자산은 여전히 가격의 불안정성과 거품 논란에 시달리고, 실물 경제에서 교환 수단으로의 기능은 제한적이므로 화폐라고 정의 내리기 어렵다. 또한, 금융의 탈중앙화가 이상적일지는 몰라도, 국가 통화 체계와 조세 구조에 미치는 영향을 고려했을 때 현실적 대안으로 자리 잡기까지는 넘어야 할 장벽이 많다.

그럼에도 불구하고 이 변화는 멈추지 않는다. 2025년 현재, 암호화폐의 시가총액은 사상 최고치를 경신했고, 중앙은행 디지털화폐(CBDC)는 이미 여러 국가에서 도입 혹은 검토 중이다. 돈은 국가가 아닌 기술을 따라 움직이고 있다. 우리의 경제 주권은 앞으로 정부가 아닌, 알고리즘의 손에 달리게 될지도 모른다. 이 흐름은 단순한 기술 진보가 아니라, 누가 '신뢰받는 돈'을 만들 수 있는가에 대한 주도권 싸움이다.

변하지 않는 화폐의 본질은 '무엇을 믿을 것인가'라는 질문에 달려 있다. 우리는 정부가 보증하는 통화를 믿을 것인가, 아니면 코드가 보장하는 블록체인을 신뢰할 것인가? 종이, 전자, 블록체인을 지나 다시 '신뢰'의 본질로 돌아가는 시대. 돈은 결국 인간이 맺는 신뢰의 거울이다.

연세대학교 상경대학 경제학부 교수

최상엽

“인공지능은
지구상의 모든 과학 분야의
발전을 촉진할 것입니다.
기술 변화와 진보의 속도는
앞으로 충격적일 거예요.
이것은 다양한 방식으로
화폐의 본질에
영향을 미칠 것이며,
화폐의 본질을 질적으로
변화시킬 겁니다.”

조지프 루빈 / 이더리움 공동 창립자

6부

투자,
왜 하시나요?

“투자는
과학과 예술의
조합이다.”

이타이 골드스타인 / 펜실베이니아대학교 와튼스쿨 재무학과 교수

투자에 정답이 있을까?

"주식 투자, 반에 한두 명은 하는 것 같아요. 대부분 잃어요."

"아버지가 몇억 원을 주식으로 날린 적도 있었어요."

"파는 방법을 솔직히 모르겠어요. '수익이 나도 더 오르지 않을까?' 이런 생각 때문에 못 팔고…."

"예전에 코인을 한 번 했었거든요. 마이너스 90%, 다음부턴 보지도 않고 있어요."

"저의 감을 믿고 투자했던 건 오히려 더 잘됐던 것 같고, 좀 찾아보고 투자했던 건 오히려 수익률이 안 좋았어요."

당신은 지금 투자를 하고 있는가? 우리가 그토록 애타게 찾아 헤매고, 손에 쥐고 싶어 하는 '돈'이라는 존재는 과연 노력만으로 가질 수 있는 걸까? 혹은, 체계적으로 학습하고 합리적으로 판단하면 손에 쥘 수 있는 것일까?

"호모 이코노미쿠스(Homo Economicus)"
경제적 인간 혹은 합리적 인간

호모 이코노미쿠스. 경제학에서는 인간을 이렇게 부른다. '경제적이고 합리적인 인간'이라는 뜻이다. 이 개념을 처음 도입한 애덤 스미스는 개인이 자신의 이익을 추구할 때 사회 전체의 이익도 증진된다고 주장했다. 경제적이고 합리적인 인간들이 자유롭게 경쟁함으로써 경제 발전을 이룬다는 것이다. 그러나 그로부터 250여 년이 지난 오늘날, 인간이 과연 돈 앞에서 합리적인 판단을 내릴 수 있는지 의문이 든다. 경제학의 석학들은 이에 대해 어떤 답을 내놓을까? 그들에게 이렇게 물었다. '인간은 정말로 합리적인가요?'

"아니요 전혀요."

폴 터커(하버드대학교 케네디스쿨 연구교수)

"인간은 평균적으로 합리적이지 않는다고 생각해요."

켈리 슈(예일대학교 경영대학원 재무학과 교수)

"제 결정을 나중에 돌아보면 '와, 내가 어떻게 저렇게 생각했지?' 싶어요."

앤드루 레빈(다트머스대학교 경제학과 교수)

세계적인 석학들조차 이렇게 생각한다면, 평범한 우리의 판단은 과연 얼마나 합리적이라고 할 수 있을까? 더욱이 우리가 그토록 갈구하는 돈 앞에서는 그러한 합리성이 오히려 더 쉽게 흔들리지는 않을까? 그렇다면, 이러한 사람들이 하는 투자는 과연 돈을 잡는 효과적인 수단이 될 수 있는 걸까?

"저는 무서워서 투자 같은 건 못해요."

혹시 당신도 이러한 부류에 속하는가? 과연 투자를 잘하는 사람은 따로 정해져 있는 것일까? 펜실베이니아대학교 와튼스쿨 재무학과 교수 이타이 골드스타인은 투자를 잘하는 사람은 따로 있다고 말한다.

"투자에 더 적합한 사람이 있냐고요? 저는 그렇다고 생각합니다. 어떤 사람들은 다른 사람들보다 주식시장과 투자의 세계를 더 잘 헤쳐 나가는 경향을 가지고 있어요."

투자가 누구에게는 적합하고 누구에게는 적합하지 않다는데, 과연 어떤 기준으로 이를 나누는 걸까? 나는 투자에 적합한 사람일까, 아니면 투자에 적합하지 않은 사람일까? 만약 내가 후자라면, 부자가 될 가능성은 전혀 없는 것일까?

경제학은 단순히 숫자와 계산만을 다루는 학문이 아니라 인간의 마음을 연구하는 학문이기도 하다. 특히 행동경제학은 심리학, 사회학, 문화학 등 다양한 학문의 관점에서 인간의 행동을 분석하고 그 내면의 심리를 연구한다.

합리적인 판단으로 움직인다고 생각했던 돈이 결국 인간의 마음과 연결되어 있다는 사실이 흥미롭지 않은가? 마음을 이해하고 다스려야 비로소 돈을 마주할 수 있다는 의미다. 펜실베이니아대학교 와튼스쿨 재무학과 교수 이타이 골드스타인은 그 복잡한 세계와 투자의 연관성을 이렇게 표현한다.

> "투자는 과학입니다. 한편으로는 직감이나 예술에 가까운 측면도 있죠. 좋은 투자자는 과학과 예술을 잘 조화시킵니다. 금융 시장에 적응하는 과정에서 직감이 어느 정도는 발달하는 것 같습니다."

이제 돈과 마음의 관계를 탐구할 시간이다. 당신은 투자에 적합한 사람인가? 아니면, 새로운 시각이 필요한가?

01 투자란? 투자가 뭐기에?

"투자"

던질 투(投), 자본 자(資)

투자. 사전적 의미로는 '이익을 얻을 목적으로 돈을 대거나 시간이나 정성을 쏟는 것'을 뜻한다. 당신은 이익을 얻기 위해 무엇을 던지고 있는가? 자본을 투입할 대상과 방법은 전적으로 투자자 개개인의 선택에 달려 있다.

시간과 돈을 던지다

24세, 부산에 사는 경제학부 대학생 경건우 씨는 투자자다. 학생 신분인 그는 아르바이트로 버는 돈 중 매달 50만 원을 투자하고 있다. 그런 건우 씨가 서울로 여행을 떠난다. 서울에 사는 친구에게 투자에 대한 조언을 듣기 위해서다. 부산역에 도착한 건우 씨는 음료수를 집었다가 이내 내려놓는다. 그는 왜 음료수를 사지 않았을까?

> "이런 작은 소비 습관 하나가 제 주식 시드 머니를 올릴 수 있기 때문에, 항상 조심하려고 합니다."

시드 머니(Seed money). 말 그대로 투자하기 위한 종잣돈이다. 그는 이 종잣돈을 늘리기 위해 생활비를 절약하고 소비를 신중히 결정한다. 즉, 그는 자본을 확보하기 위해 '돈'과 자신의 '욕구'를 던지고 있는 셈이다.

"투자"

던질 투(投), 자본 자(資)

돈과 욕구를 던지다

기차에 오른 그는 가장 먼저 주식 애플리케이션을 실행해 자신의 주식 포트폴리오를 확인한다.

경*나비* : -1.18%

파세* : 0.00%

비* : 4.67%

경*나비* 종목에서 마이너스 수익률을 기록하고 있는 상황. 그는 이 손실이 신경 쓰이지 않을 수 없다. 그렇게 서울에 도착해 친구의 원룸을 찾아간 건우 씨. 친구는 둘이 눕기에도 비좁은 공간에서 월세 60만 원을 내며 생활하고 있다. 하지만 서울에 도착했든, 친구의 원룸에 있든 그의 머릿속을 채우고 있는 것은 여전히 투자다.

"난방은 네가 켤 수 있는 거야? 서울은 춥네…."

차가운 공기를 피부로 느낀 그는 자연스레 마이너스 수익률을 기록하고 있는 한 난방기기 회사를 떠올린다. 그러고는 친구에게 이런 말을 건넨다.

"여기 와서 내가 투자한 것에 대해 확신을 얻었어."

무슨 의미일까? 어떤 점에서 투자한 종목에 대한 확신을 얻었다는 것일까? 건우 씨가 친구에게 건넨 말을 조금 더 들어 보자.

"부산에서는 진짜 따뜻했거든. 근데 여기 와서 보니까 너무 추운 거야. 그리고 이제 겨울이잖아. 겨울에는 사람들이 얼어 죽기 싫어서 무조건 난방을 하니까 사람들이 좀 따뜻하게 겨울을 나기 위해서는 무조건 난방기기를 살 거야."

추운 겨울에 사람들이 보일러를 산다? 친구는 당장 반박하고 나선다.

"근데 보통 보일러는 우리가 춥다고 사는 건 아니잖아."

친구의 반박에 건우 씨는 말문이 막히고 만다. 친구는 이 기업의 주가가 올라갈 수 있는 이유가 무엇인지 궁금해지는 한편 건우 씨가 걱정되기도 했다. 친구는 투자할 때 기업의 주가가 오를 이유를 명확히 분석하지 않은 채 추측만으로 투자하는 것은 매우 위험하다고 생각했다. 철저한 준비 없이 투자에 나선 건우 씨의 태도가 안타까웠다.

그렇다면 건우 씨의 투자 결과는 어땠을까? -1.18%였던 수익률은 몇 주 만에 -15%로 악화되었다. 건우 씨는 자신의 투자에 대해 어떤 생각을 갖게 되었을까?

"제 나름대로 소신이 있었는데, 역시 제 친구가 맞았던 것 같기도 해요. 겨울이잖아요. 시즌제로 돌아오는 주가의 상승이 있을 거로 생각했거든요. 굉장히 참담합니다. 역시 제 친구가 맞았어요."

과연 건우 씨가 틀렸고 친구는 맞았던 걸까? 시간과 돈을 던져 투자한 건우 씨의 성적표는 현재로서는 낙제점을 기록하고 있다.

02 투자의 방법
어떻게 투자해야 할까?

무엇을 던지든, 무엇을 희생하든, 우리는 모두 투자를 갈망한다. 그렇다면 올바른 투자란 무엇이며, 우리는 어떻게 투자해야 할까? 그리고 당신은 스스로를 어떤 유형의 투자자로 정의할 수 있을까?

신중한 투자자

32세 학원 강사 김승희 씨는 대학에서 경제학을 복수 전공했지만, 현실 속 경제는 여전히 어렵게 느껴진다. 그런데도 그는 투자를 결심했다. 특히, 위험을 최소화할 수 있는 안전한 투자 방식을 선호한다.

투자 경험은 없다. 대신 오랫동안 공부에만 집중해 왔다. 하지만 공부를 하면 할수록 투자에 대한 진입장벽은 점점 높아지는 것만 같았다. 막상 투자하려고 보면 고려해야 할 사항들이 너무 많았고, 시장에는 그가 예측하지 못했던 수많은 변수가 존재했다.

승희 씨가 이렇게 신중한 투자자가 된 데에는 개인적인 경험이 큰 영향을 미쳤다. 그의 아버지는 퇴직 후 거액을 주식에 투자했지만, 결국 큰 손실을 보고 말았다. 승희 씨는 궁금했다. 어떻게 40년간 대기업에서 성실히 근무하며 가정을 지켜온 아버지가 평생 모은 돈보다 더 큰 금액을 잃을 수가 있을까? 이를 목격한 승희 씨는 투자에 관심은 있었지만, 아버지처럼 실패를 경험하고 싶지 않았다. 그래서 그는 신중하고 또 신중하게 투자할 것을 다짐하게 된다.

승희 씨의 이러한 투자 경향은 연구 결과에서도 확인할 수 있다. 펜실베이니아대학교 와튼스쿨 재무학과 교수 이타이 골드스타인에 따르면 투자는 개인적인 경험에 따라 큰 편차를 보인다. 특히, 주가 폭락을 경험했던 사람들은 그렇지 않은 사람들보다 신중하게 투자하는 경향이 있다는 것이다.

이렇게 신중한 투자자인 승희 씨는 적금 1억 원 중 1~2천만 원을 투자하기로 결심한다. 그의 선택은 역시 안전한 투자처로 평가받는 미국 국채●이다. 과연 승희 씨의 첫 투자는 성공적인 결과를 가져올 수 있을까?

● 국채(Government bond)
정부가 자금을 조달하기 위해 발행하는 채권으로, 쉽게 말해, 정부가 돈을 빌리기 위해 발행하는 차용증서와 같은 것

공격적인 투자자

32세의 소아청소년과 전문의 정태종 씨는 공격적인 투자 성향을 가진 투자자다. 주식 투자에서 최고 손실률이 무려 97%였고, 부동산 경매 투자에서도 큰 손실을 맛본 경험이 있다. 부동산 투자 실패로 인해 사채를 쓸 정도로 심각한 재정적 위기를 겪었고, 이러한 경험은 그에게 깊은 고민을 안겨 주었다. 그가 이 힘든 경험 끝에 얻은 결론은 단 하나였다.

"절대로 투자를 포기하지 말자!"

이렇듯 투자에 강한 의욕을 보이는 그가 이번에는 주식 투자에 다시 도전했다. 다양한 분야에 투자했던 경험을 바탕으로 손익계산서에 필요한 항목, 대차대조표에 필요한 항목, 현금 흐름표에 필요한 항목 등 나름대로 19개 항목의 체크리스트를 만들었다. 그리고 도전적으로 다섯 개의 종목(F&*, TY*, 세*제강*주, 코*이, 해*디에*)을 선정했다.

공격적인 투자자답게 더 싸질 때를 기다리지 않고 종목별로 50만 원씩 즉시 매매했다. 과연 태종 씨의 전략은 성공할 수 있을까?

갈팡질팡 투자자

6살, 4살 아이를 키우고 있는 주부 전은주 씨는 초보 투자자다. 2008년 주식 투자를 시작했을 때는 투자 수익률이 무려 -70%를 기록했을 정도로 처참했지만, 현재는 -10% 수준까지 올라가며 어느 정도 회복세를 보인다. 투자에 특별한 원칙이 없는 그녀는 자신도 이를 인정한다.

"날씨가 좋은 날은 왠지 올라갈 것 같다는 느낌으로 투자하기도 하고, 올라가는 종목이 있으면 그냥 같이 따라 들어가기도 하고…."

최근에 소의 질병인 럼피스킨병이 유행하자, 닭고기 제조 기업에 투자하기도 했다. 결과는? 2%의 수익을 기록했다. 이렇게 얻은 수익금은 커피를 마시거나, 아이들과 함께 과자를 사 먹는 데 사용한다.

촬영 중에도 그녀는 다급히 한 종목을 매도하며 투자에 대한 열정을 드러냈다.

엑*페릭*(제조업)

수익률 24%, 수익금 31,200원

그녀는 이런 자신의 투자 성향을 가리켜 이렇게 표현한다.

"갈대가 따로 없습니다. 저쪽으로 바람 불면 이쪽으로 눕고, 이쪽으로 바람 불면 저쪽으로 눕고…. 오르면 더 사고, 내리면 팔아야 해요."

모태초보 투자자

특허법률사무소에서 근무하는 62세 김정호 씨는 지금까지 한 번도 투자나 재테크를 해 본 적이 없다. 이유를 묻는 말에 그는 '투자를 하려면 대출을 받아야 하는 줄 알았다'고 답했다. 반면, 투자에 관심이 많은 그의 아들 김대권 씨는 아버지가 이제라도 투자에 관심을 두고 조금씩이라도 도전해 보길 바란다.

그리고 마침내 김정호 씨는 투자하기로 결심했다. 그의 목표는 가족들과 유럽 여행을 떠날 수 있는 8천만 원에서 1억 원의 자금을 마련하는 것. 하지만 아직 구체적인 투자 방법은 결정하지 못했다.

투자의 정석

이들 모두 각자의 방식으로 투자에 도전하려고 한다. 하지만 그 누구도 자신의 방법에 확신을 갖지는 못한다. 그렇다면 투자는 어떻게 해야 하는 것일까? 투자의 정석이 있다면 누구에게 물어야 할까? 가장 투자를 잘하는 사람이라면 그 법칙을 알고 있지 않을까?

〈돈의 얼굴〉 제작진은 공격적인 투자로 높은 수익을 올린 것으로 유명한 짐 로저스에게 투자 법칙을 물었다. 자산만 약 3억 달러(약 4,200억 원)에 달하고 4,200%의 수익률을 자랑하는 그에게서 뜻밖의 대답이 돌아왔다.

"투자 정보나 남이 떠드는 말에 귀 기울이면 도움이 되기는커녕 오히려 손해만 봅니다. 자산 가격이 올라도 막막하죠. 애초에 이유 없이 샀잖아요. 당부하건대, 투자자로 성공하고 싶다면 본인이 잘 아는 분야에만 투자하세요. 남의 투자 정보는 듣지 말고, 본인의 지식을 믿으세요."

그래도 그만의 '투자 법칙'이 있지 않을까? 그는 절대 법칙은 없다고 단언한다. 대신 그는 철저한 사전 조사와 연구를 강조한다. 투자하고 싶은 회사를 정했다면, 자신이 궁금한 부분을 점검하라고 조언한다. 예를 들어, '관계자들은 똑똑한가?', '업무를 제대로 수행하고 있는가?', '부채가 과도하게 많지는 않은가?'와 같은 요소들을 확인하라는 것이다. 자신이 필요하다고 생각하는 모든 정보를 철저히 조사한 후 확신이 들면 투자하라고 말하며, 마지막으로 다음과 같이 조언한다.

"저도 모든 분께 확실한 방법을 제시하고 싶지만, 다들 각자의 방식으로 배우는 수밖에 없죠."

결국, 투자는 정답이 있는 공식이 아니라 스스로 깨닫고 익혀야 하는 여정이다. 중요한 것은 남의 말이 아니라 나만의 원칙을 세우는 것이다.

03 나만의 투자 나에게 맞는 투자는?

결국 투자를 위해서는 공부를 해야 한다. 하지만 그 공부는 각자의 방식대로, 각자의 관심사대로 할 수밖에 없다. 그렇다면 어떻게 해야 나에게 맞는 투자 방식을 찾을 수 있을까? 관심 있는 분야의 회사를 찾고, 그 회사에 대해 알아볼 항목을 정해서 철저히 조사하는 것이 답일까?

펜실베이니아대학교 와튼스쿨 재무학과 교수 이타이 골드스타인은 이에 대해 흥미로운 개념을 제시한다.

"소크라테스는 '너 자신을 알라'고 했고, 손자병법을 쓴 손자도 '지피지기면 백전불태'라고 했죠. 투자할 때도 똑같이 말합니다. 투자하려면 너 자신을 알라고요. 이게 어떤 의미일까요?

사람들은 투자할 때 행동 편향을 보입니다. 어떤 때는 자신을 과신하다가도, 어떤 때는 공황 상태에 빠지기도 합니다. 이런 태도는 투자 수익 측면에서는 전혀 바람직하지 않죠. '자기 자신을 알라'는 말은 본인이 어떤 편향에 치우치기 쉬운지를 알고 바로잡으라는 뜻입니다."

"편향(偏向)"

한쪽으로 치우침

완벽한 사고를 하는 사람은 존재하지 않는다. 누구나 편향된 생각을 하게 마련이고, 이는 투자에도 영향을 미친다. 이러한 이유로 행동경제학에서는 경제적 의사결정 과정에서 나타나는 인간의 행동과 심리를 연구하고, 투자 과정에서 발생하는 다양한 편향을 분석한다. 그중 몇 가지 주요한 편향에 대해 알아보자.

나는 어떤 편향을 가지고 있을까? 다음은 특정한 편향과 관련된 테스트 문항이다.

> 당신은 월 정기 주차 공간을 사용하고 있습니다. 그런데 주차장 측에서 다른 공간으로 이동을 제안합니다. 새로운 주차 공간은 특별히 나쁘지도, 좋지도 않습니다. 지금의 주차 공간을 기꺼이 포기하시겠습니까?

출처 : 주소현, 재무설계를 위한 행동재무학(2009)

〈돈의 얼굴〉 제작진이 만난 투자자들에게 이 질문을 던졌을 때, 대부분은 현재 상황에서 옮길 필요를 느끼지 못해 이동하지 않겠다고 답했다. 유일하게 주부 투자자 전은주 씨만이 지금의 주차 공간을 기꺼이 포기할 의사가 있다고 밝혔다. 당신이라면 어떤 선택을 할 것인가?

소유효과

앞선 문항은 '소유효과'를 평가하기 위한 문항이었다. '소유효과'란 자신이 소유하고 있는 물건이나 지위를, 지니지 않을 때보다 훨씬 높게 평가하는 것이다. 주차 공간을 포기하지 않겠다고 답한 이들은 바로 소유효과 성향을 보인 이들이다. 이는 자신이 소유한 것의 가치를 과도하게 높게 평가하는 심리를 반영한다. 소유효과가 강한 투자자는 자신이 가진 투자 자산을 팔기 꺼려하는 경향이 있다. 소유효과가 '보유하는 것'이 더 이득이라는 심리를 강화하기 때문이다.

〈돈의 얼굴〉 제작진이 만난 투자자 김정호 씨는 이러한 '소유효과'를 전형적으로 보여 주는 인물이다. 그는 1999년 LG반도체의 우리사주● 3,500주를 받았다. 원금만 무려 7,800만 원에 달하는 큰 금액이었다. 하지만 이후 LG반도체가 SK하이닉스와 합병되면서, LG반도체 주식은 감자(주식의 가치를 낮추는 것) 처리로 인해 가치가 크게 떨어졌다. 그런데도 김정호 씨는 여전히 그 주식을 보유하고 있다. 바로 애정 때문이다. 이미 주식의 가치가 하락했음에도, 오랜 기간 소유하고 있었다는 사실만으로 주식의 가치를 스스로 높게 평가하며 팔기를 꺼리고 있는 것이다.

● **우리사주(Employee Stock Ownership Plan, ESOP)**
회사의 임직원들이 자사 주식을 소유하도록 하는 제도이다. 회사가 임직원들에게 주식을 제공하거나 구매를 장려해, 직원들이 기업의 성과에 직접 참여하고 이익을 공유할 수 있게 하는 것이다.

손실회피

또 다른 편향을 평가하는 문항을 살펴보자.

당신은 3개월 전, 5개 주식을 각 1주씩 매수했습니다. 소액의 급전이 필요해 그중 한 개를 팔아야 한다면 어느 종목을 매도하시겠습니까?

종목	매수가	현재가	현재 수익률
A	100,000원	110,000원	+10%
B	50,000원	60,000원	+20%
C	200,000원	190,000원	–5%
D	100,000원	85,000원	–15%
E	70,000원	70,000원	0%

① A
② B
③ C
④ D
⑤ E

출처 : 신임철, 처음 만나는 행동경제학(2022), 에이콘출판사

수익이 난 종목과 마이너스 수익을 기록하고 있는 종목, 그리고 손해도 이익도 아닌 종목 중에 당신은 어떤 종목을 팔겠는가?

〈돈의 얼굴〉 제작진이 만난 투자자들 중 공격적인 투자 성향을 가진 정태종 씨와 아직 한 번도 투자를 해 보지 않은 김정호 씨는 B종목을 선택했다. 그 이유는 단 하나였다. 손실을 보고 싶지 않다는 것인데, 이러한 그들의 선택에서는 투자 과정에서 흔히 나타나는 손실회피 편향이 고스란히 드러난다.

손실회피 편향은 같은 금액이라면 이익보다 손실을 훨씬 더 크게 느껴 손해를 보지 않으려는 심리적 특성으로, 손실회피 편향을 가진 사람들은 손해를 보지 않으려는 심리 때문에 특정 투자 방식을 고수하는 경향이 있다. 즉, 오른 주식은 서둘러 매도하고, 내린 주식은 계속 보유하려는 태도를 보인다. 이러한 투자 방식이 과연 현명한 것일까? 예일대학교 경영대학원 금융학과 교수 켈리 슈는 이러한 사고방식이 합리적이지 않다고 이야기한다.

"주식을 매도하면 손실이 실현된다고 생각하는데 이것은 옳지 않은 사고방식이에요. 매도하든, 하지 않든 주가가 하락했다면 당신은 이미 돈을 잃은 것이죠. 손실을 보더라도 매도해서 더 나은 곳에 투자해야 해요."

반대로 실제로 손해가 발생한 종목을 선택하는 투자자들도 존재한다. 경제학부 대학생 경건우 씨와 학원 강사 김승희 씨, 그리고 주부 투자자 전은주 씨가 손실을 기록한 D종목을 선택했다.

"제일 안 올랐던 종목을 팔고 정리할 것 같습니다."

손실이 발생한 사실을 받아들이기 힘들어 매각하지 않고 보유하는 손실회피 편향을 가진 투자자, 과감하게 매도하고 다른 투자처를 찾는 투자자 중 당신은 어느 쪽인가?

자기과신

다음 항목은 최솟값과 최댓값을 예측해 보는 문제이다.

자신이 적는 범위가 반드시 정답을 포함할 수 있도록 최솟값과 최댓값을 예측하십시오.

질문	최솟값	최댓값
OECD 회원국 수	개	개
지구에서 달까지의 거리	km	km
모차르트가 태어난 해	년	년
에베레스트산의 높이	m	m
보잉747기의 자체 무게	kg	kg

출처 : 주소현, 재무설계를 위한 행동재무학(2009)

〈돈의 얼굴〉 제작진이 만난 투자자들은 어떤 대답을 적었을까? 소아청소년과 전문의 정태종 씨는 '지구에서 달까지의 거리'를 묻는 말에 1만 km에서 10만 km라고 적었다. 정답은 38만 4천 km이다.

대학생 투자자 경건우 씨는 보잉747기의 자체 무게에 대해 1천 kg에서 1만 kg 사이라고 적었다. 정답은 18만 5천 kg.

주부 투자자 전은주 씨는 모차르트가 태어난 해를 800년대에서 900년대 사이라고 대답했다. 모차르트가 태어난 해는 1756년이다.

대체 이 문제들은 무엇을 알아보기 위한 문제들이었을까? 상식 테스트? 아니다. 이는 바로 자기과신의 정도를 알아보기 위한 문제들이다. 최솟값과 최대값 설정의 범위가 좁을수록 정답을 포함할 확률이 낮고, 자기과신의 확률이 높아짐을 의미한다.

자기과신은 말 그대로 자기 자신에 대한 확신이 지나친 편향을 의미한다. 이런 자기과신이 긍정적으로 작용할 때도 있지만, 투자에서는 독이 될 수 있다. 자기과신은 자신의 정보나 분석 능력을 과신해 투자의 위험 요소를 과소평가하게 만들고, 거래 빈도를 높여 오히려 투자 수익률을 떨어뜨리는 결과를 초래할 수 있다. 특히, 정보가 불확실하고 판단이 어려운 상황에서는 자기과신의 편향이 더욱 두드러지게 나타난다.

펜실베이니아대학교 와튼스쿨 재무학과 교수 이타이 골드스타인은 자기과신이 투자에 큰 적이 될 수도 있다고 지적한다.

> "만약 자신을 과신하고 한 번도 실패한 적이 없는 사람이라면, 항상 본인이 남들보다 더 잘 알고 있다고 생각하겠죠. 그렇게 계속 자신만만하게 있다가 상황이 반전되면 훨씬 더 큰 타격을 입을 겁니다."

이처럼 다양한 '편향'은 투자자들이 합리적인 판단을 하지 못하도록 방해하며, 잘못된 결정을 내리게 만들어 손실을 초래할 수 있다. 나는 어떤 편향을 가졌는지, 그로 인해 과거에 어떤 손해를 입었는지, 앞으로 입게 될 가능성은 없는지 곰곰이 생각해 보게 된다.

돈에는 얼굴이 있다

자신이 선택한 종목의 마이너스 수익 행진에 스스로를 원망했던 대학생 투자자 경건우 씨의 수익률은 지금 어떠할까?

"앗! 마이너스 1.32%"

언제 또 수익률이 악화될지 모르지만, 다행히 손실 폭은 줄어 있었다. 그리고, 기업에 대한 철저한 조사 없이는 투자하지 않겠다는 귀한 교훈도 얻었다.

1999년 받았던 우리사주를 여전히 보유하고 있으며, 투자와 재테크를 한 번도 해본 적 없던 62세 투자자 김정호 씨는 마음먹은 대로 투자를 시작했을까?

"주식을 한두 주인가 샀었어요. 3천 5백 원인가?"

모태 초보 투자자였던 그가 드디어 생애 첫 주식을 샀다. 한 주인지 두 주인지, 정확한 액수가 얼마인지는 정확히 기억해 내지 못하지만 어쨌든 62년 만에 스스로 주식을 산 것이다.

갈팡질팡 매수와 매도를 반복했던 주부 투자자 전은주 씨는 이번 투자 경험을 통해 기록을 남기는 습관을 지니게 되었다. 한 번 더 적고, 한 번 더 고민하는 과정을 거치며 반복되는 실수에는 정해진 패턴이 있다는 걸

깨달았다. 이제는 갈대같이 흔들리던 투자 심리를 조금은 곧추세울 수 있을 것 같다.

공격적인 투자자였지만 손실도 컸던 소아청소년과 전문의 정태종 씨는 이번 기회를 통해 과거의 투자와 현재의 투자를 비교해 보게 되었다.

"아, 이래서 내가 예전에 잘 안됐었구나."

이제는 조금은 덜 공격적인, 그러나 이익을 맛보는 투자자가 되기로 결심한다.

아버지의 투자 실패로 신중한 투자자가 되었던 학원 강사 김승희 씨는 공부만 하고 투자하지 못하던 자신을 떨쳐 내고 투자에 첫발을 내디뎠다.

"투자를 했으니까, 뭔가 내 할 일을 다 한 것 같아요."

우리는 긴 여정을 통해 돈의 실체를 마주하며 때로는 실망하기도 하고, 때로는 새로운 희망을 품기도 했다. 그러면서 돈과 만나는 일이 곧 '투자'이고, 그 투자는 결국 '자기 자신과 마주하는 일'임을 깨달았다. 결국, 그토록 우리가 찾아 헤매던 돈의 얼굴은 바로, 우리의 얼굴일지도 모른다. 당신은 지금, 어떤 얼굴로 돈을 마주하고 있는가? 당신이 믿는 돈의 얼굴은 어떤 모습인가?

COLUMN

합리적인 경제인과 비합리적인 투자자

"카톡방 링크 타고 들어오시면 수익률 300%, 급등주 추천해 드려요."

요즘 온라인에는 이런 '투자 리딩방' 광고가 넘쳐난다. 실체를 알 수 없는 전문가들이 실시간으로 종목을 추천하고, 수익 인증샷을 공유하며 수백, 수천 명의 팔로워를 끌어모은다. 분명 머리로는 사기라는 것을 아는데, 혹시나 하는 마음에 링크를 눌러 보게 만드는 그 열기 뒤에 숨은 민낯은 과연 무엇일까?

투자는 숫자와 그래프, 데이터로 포장되어 있지만, 실은 인간의 감정과 편향, 경험이 엉켜 있는 복합적 행위다. 『돈의 얼굴』 6부는 그 점을 적나라하게 보여 준다. 투자란 단순한 부의 증식 수단이 아닌 결국 '나 자신과 마주하는 일'이며, 누구나 각자의 방식으로 그 정답을 찾아가는 여정이라는 것을 말이다.

우리는 종종 '합리적인 경제인(Homo Economicus)'을 자처한다. 하지만 실제 투자 현장에서 인간은 놀라울 정도로 비합리적이다. 합리성을 추구하는 경제학자도 투자의 비합리성에 있어서는 예외가 아니다. 손실을 피하려 애쓰는 손실회피 성향, 이미 가진 것에 가치를 과도하게 부여하는 소유효과, 과잉 자신감으로 판단력을 흐리는 자기과신까지. 모두가 투자에 내재한 심리적 함정들이다. 이러한 함정들이야말로 투자 리딩방이 넘쳐 나는 이유다.

경제학 교수다 보니 가끔 투자에 관한 조언을 묻는 분들이 있다. 그럴 때면 "제가 그걸 알면 이러고 있겠어요?"라고 되묻고는 한다. 그럼에도 불구하고 한마디 보태자면, 투자는 끊임없이 자신의 판단을 검증하고, 감정을 다스리며, 현실과 기대 사이의 간극을 조율하는 일이라 할 수 있다. 투자에서 손실은 피할 수 없는 필연이지만, 그 손실이 반드시 실패는 아니다. 중요한 것은 그 경험을 통해 세상에는 공짜 점심은 없음을 배우고 더 나은 투자자가 되어 가는 과정이다. 그리고 그 과정에서 우리는 조금씩 더 현명해진다. 어쩌면 진정한 '투자 수익'은 수치가 아니라, 그렇게 성장한 자신일지도 모른다.

연세대학교 상경대학 경제학부 교수

최상엽

“금융 정보를

받아들일 때는

매우 신중해야 한다.”

켈리 슈 / 예일대학교 경영대학원 금융학과 교수

"돈이란 원수죠.
돈이 있으면 좋은데,
좋은 건 오래가지 않아요.
근데 없으면 피곤합니다."

EBS 모의투자자 이야기 中

익숙하지 않은 경제 금융 용어 A to Z

뱅크런, 핀테크
인플레이션, 지급준비율
명목화폐, 소유효과
디플레이션, 블랙먼데이 등

PART 01

예금인출사태
(뱅크런, Bank run)

은행이 지급 능력에 대한 신뢰를 잃고, 많은 예금자가 동시에 대규모로 예금을 인출하려는 현상으로, 이는 은행의 자금 부족으로 이어질 수 있으며 결국 은행의 파산을 초래할 수 있다.

유동성
(Liquidity)

자산이나 자금을 빠르게 현금으로 전환할 수 있는 정도를 의미한다. 자산이 얼마나 쉽게 거래되는지 혹은 현금화될 수 있는지를 나타내는 지표로, 유동성이 높은 자산은 쉽게 현금으로 전환할 수 있고 거래에 걸리는 시간과 비용이 적지만, 유동성이 낮은 자산은 현금으로 전환하는 데 시간이 오래 걸리거나 비용이 많이 들 수 있다.

태환지폐
(Convertible paper money)

발행된 지폐와 일정한 비율로 교환할 수 있는 금이나 은 등의 귀금속을 준비금으로 보유한 상태에서 발행된 지폐이다. 필요 시 언제든지 지정된 귀금속으로 교환할 수 있기 때문에 사람들이 이를 신뢰하고 사용할 수 있었다. 다시 말해, 태환지폐는 실제로 존재하는 금이나 은에 의해 그 가치가 보장되는 화폐다.

불환지폐
(Fiat money)

태환지폐의 반대말로, 금, 은 등의 귀금속이나 다른 실물 자산으로 교환할 수 없는 지폐를 의미한다. 즉, 불환지폐는 그 자체로 통화 가치를 가지며, 다른 자산으로 교환할 필요 없이 거래에 바로 사용된다. 정부나 중앙은행의 신용에 의해 그 가치가 보장된다.

명목화폐
(Nominal money)

본질적인 가치가 없지만, 법정 통화로서의 지위를 가지는 화폐를 의미한다. 금이나 은과 같은 물리적인 자산에 의해 가치를 뒷받침하지 않고, 정부의 신용과 법률에 따라 그 가치가 보장된다. 명목화폐의 가치는 사람들이 그것을 교환 수단으로 받아들일 때 유지되며, 오늘날 우리가 사용하는 대부분의 화폐가 명목화폐이다.

금본위제
(Gold standard)

화폐의 가치를 일정량의 금과 연동하여 보장하는 제도이다. 이 제도하에서는 각국의 화폐가 일정량의 금으로 교환될 수 있으며, 이러한 금본위제를 통해 화폐의 가치를 안정시키고 국제 무역을 촉진했다.

브레턴우즈 체제
(Bretton Woods System)

1944년 7월 전 세계 44개국의 대표가 브레턴우즈에 모여 만든 국제통화 체제로 주요 내용은 다음과 같다.

- 고정환율 제도
- 국제통화기금(IMF)과 세계은행(IBRD) 설립
- 미국 달러의 국제통화로서의 지위 부여
- 1온스의 금 = 35달러로 고정

지급준비율
(Reserve requirement ratio)

은행이 고객의 예금에 대해 중앙은행에 의무적으로 예치해야 하는 비율을 말한다. 이는 금융 시스템의 안정성과 신뢰성을 유지하기 위해 마련된 제도로, 은행이 갑작스런 대규모 인출 사태에 대비할 수 있도록 도와준다.

인플레이션
(Inflation)

통화량의 증가로 화폐 가치가 하락하고, 모든 상품의 물가가 전반적으로 꾸준히 오르는 경제 현상으로, 쉽게 말해 같은 양의 돈으로 살 수 있는 상품과 서비스의 양이 줄어드는 것을 의미한다. 인플레이션이 발생하면 화폐의 실질 가치가 하락하여, 생활비가 증가하고 구매력이 감소한다.

디플레이션
(Deflation)

경제 전반에 걸쳐 상품과 서비스의 가격이 지속적으로 하락하는 경제 현상을 말한다. 이는 인플레이션의 반대 개념으로, 상품과 서비스의 가격이 내려가고 화폐의 실질가치가 상승하는 상황을 의미한다.

PART 02

기준금리
(Base rate)

중앙은행이 통화 정책을 조율하기 위해 설정하는 중요한 금리이다. 중앙은행이 시중은행 등의 금융기관에 자금을 대출하거나, 예금을 받을 때 적용하는 금리를 말하며, 전체 금융 시스템의 금리 수준을 결정하는 기준 역할을 한다.

연방준비제도이사회
(Federal Reserve Board)

미국의 중앙은행 시스템인 연방준비제도(Federal Reserve System)의 핵심 기관으로, 미국 경제의 통화 정책을 수립하고 감독하는 역할을 한다. 이사회는 7명의 이사로 구성되며, 이들은 대통령이 임명하고 상원의 인준을 받는다.

플라자 합의
(Plaza Accord)

미국의 달러화 강세를 완화하려는 목적으로 미국, 영국, 독일, 프랑스, 일본의 재무장관들이 맺은 합의이다.

거품경제
(Bubble economy)
버블경제라고도 하며, 부동산이나 주식 등 자산의 가격이 실제 경제적 가치보다 지나치게 높게 형성된 상태를 의미한다. 이는 과도한 투자와 투기 열풍으로 인해 자산 가격이 비정상적으로 급등하며 발생하지만, 결국 자산 가격이 붕괴되는 '거품 붕괴'로 이어질 위험이 높다.

블랙먼데이
(Black Monday)
1987년 10월 19일 월요일 뉴욕의 다우존스 평균주가가 하루 만에 전일 대비 22.6%가 폭락한 사건으로, 역사상 가장 큰 하루 하락률을 기록했다.

마이너스 금리 정책
중앙은행이 시중은행이 보유한 초과 준비금에 대해 마이너스 금리를 부과하여 경제 활성화나 디플레이션 방지, 자국 통화 가치를 조정하기 위한 통화 정책이다. 이는 시중은행들이 중앙은행에 돈을 예치할 때 이자를 받는 대신 오히려 비용을 지불해야 하므로, 자금을 시중에 더 많이 풀도록 유도하는 방식이다.

소비자물가지수
(Consumer Price Index, CPI)
가구에서 일상생활을 위해 구매하는 상품과 서비스의 가격 변동을 측정하기 위해 작성한 지수이다. 총소비지출 중에서 비중이 큰 주요 상품 및 서비스 품목을 선정하고, 이를 대상으로 조사된 소비자 구매 가격을 기준으로 산정된다.

명목금리
(Nominal interest rate)
물가상승률과 같은 요인을 고려하지 않은 상태에서 명시적으로 표시된 금리를 의미한다. 즉, 대출, 저축, 채권 등에서 공시된 금리로, 실질적인 구매력 변화는 반영되지 않는다.

실질금리
(Real interest rate)
물가상승률을 고려하여 계산된 금리를 의미한다. 이는 명목금리에서 물가상승률을 차감한 값으로, 실제 구매력 변화와 경제적 이익을 평가하는 데 중요한 지표로 사용된다.

서브프라임 모기지
(Subprime Mortgage)
2007년 미국에서 발생한 금융위기 사건으로, 2008년 글로벌 금융위기를 촉발시킨 사건이다. 미국의 주택담보대출 중 서브프라임 모기지(신용점수 620점 이하의 비우량 등급 고객을 대상으로 하는 부동산 담보대출)가 부실화되면서 발생했다. 이에 은행들은 담보를 처분하여 손실을 보전하려 했으며 이로 인해 주택 가격은 더욱 빠르게 하락했다. 2008년 9월 미국의 4대 투자은행 리먼브라더스가 모기지 투자에서 입은 손실로 파산하면서 글로벌 금융위기가 발생했다.

PART 03

물가상승률
(Inflation rate)

일정 기간 상품과 서비스의 평균 가격이 얼마나 상승했는지를 나타내는 지표이다. 일반적으로 소비자물가지수(CPI: Consumer Price Index)를 이용하여 계산하며, 인플레이션 정도를 측정하는 데 사용한다.

명목임금
(Nominal wage)

물가상승률이나 화폐 가치의 변동을 고려하지 않은 상태에서 명시된 임금의 액면 금액을 말한다.

실질임금
(Real wage)

명목임금에서 물가상승률을 고려하여 실제 구매력을 반영한 임금을 말한다. 다시 말해, 실질임금은 현재 받는 임금으로 실제로 구매할 수 있는 상품과 서비스의 양을 나타낸다.

실질임금 상승률

명목임금 상승률에서 물가상승률을 뺀 값으로, 실제 구매력을 기준으로 임금이 얼마나 증가했는지를 나타내는 지표이다.

화폐착각
(Money illusion)

사람들이 화폐의 액면가에만 집중하고, 그로 인해 실질가치(실질 구매력)를 제대로 평가하지 못하는 심리적 현상을 말한다. 이는 경제학과 행동경제학에서 주로 다루는 개념으로, 인플레이션과 같은 상황에서 더 두드러지게 나타난다.

양적 완화
(Quantitative Easing, QE)

중앙은행이 경기 부양을 위해 사용하는 통화 정책 중 하나로, 시중에 자금을 직접 공급하는 방식이다. 이는 특히 경제위기 상황에서 활용되며, 중앙은행이 시중은행이나 금융기관들로부터 국채, 회사채, 주식 등 다양한 자산을 매입하고, 그 대가로 자금을 지급하면서 실행된다. 대표적으로 2008년 글로벌 금융위기나 코로나 팬데믹 시기에 여러 국가가 양적 완화를 시행했다.

하이퍼인플레이션
(Hyperinflation)

물가가 통제 불가능할 정도로 급격히 상승하는 극단적인 경제 현상을 말한다. 일반적으로 월간 물가상승률이 50% 이상일 때 하이퍼인플레이션으로 정의하며, 이는 화폐 가치가 급격히 하락하면서, 경제 시스템이 붕괴될 수도 있는 위험한 상황이라고 할 수 있다.

기축통화
(Key currency, Reserve currency)

국제 경제와 금융 거래에서 표준이 되고, 세계 각국 중앙은행들이 외환보유고로 보유하는 주된 화폐를 의미한다. 글로벌 무역, 투자, 금융에서 신뢰받는 기준 화폐로 사용되며, 각국의 통화가치를 평가하는 기준이 되기도 한다.

PART 04

개인파산제도

과도한 채무로 인해 경제적으로 어려움을 겪는 개인이 법적 절차를 통해 채무를 정리하고, 경제적으로 재기할 수 있도록 돕는 제도이다. 개인파산제도는 채무자가 모든 재산으로도 채무를 변제할 수 없는 상태에 빠졌을 때 신청할 수 있다.

개인회생제도

채무자가 일정한 소득이 있는 경우에만 진행이 가능하며, 이를 통해 채권자와 채무자 간의 이해를 조율하고, 채무자가 정상적인 경제 활동을 이어 갈 수 있도록 돕는 데 목적이 있다. 이 제도는 채무자의 총채무를 일정 부분 탕감하거나 조정하여, 채무자가 남은 채무를 소득에 맞게 분할 상환할 수 있도록 지원한다.

신용등급

개인이나 기업의 신용도를 평가하기 위해 금융기관이나 신용평가사에서 부여하는 점수 또는 등급을 말한다.

채권자
(Creditor)

어떤 거래에서 돈이나 물건을 빌려준 사람이나 기관을 말한다. 쉽게 말해, 채권자는 빚을 받을 권리가 있는 사람이다. 예를 들어, 은행이 대출을 해 준 경우, 은행이 채권자가 되고 돈을 빌린 사람(혹은 기업)은 채무자가 된다.

채무자
(Debtor)

어떤 거래에서 돈이나 물건을 빌린 사람이나 기관을 말한다. 즉, 채무자는 빚을 갚아야 할 의무가 있는 사람이다. 예를 들어, 은행에서 대출을 받은 경우, 대출을 받은 사람이 채무자가 된다.

채권추심
(Debt collection)

채권자가 채무자에게 빌려준 돈이나 제공한 대가를 회수하기 위해 취하는 모든 활동을 말한다. 주로 채권자인 은행, 금융기관, 또는 대출 회사가 채무자에게 빚을 상환하도록 독촉하거나 법적 조치를 취하는 행위를 포함한다.

신용불량
개인이나 기업이 금융기관에서 빌린 돈(대출)이나 사용한 신용카드 대금 등을 정해진 기한 내에 상환하지 못해 신용도가 크게 낮아진 상태를 말한다. 우리나라의 경우 100만 원 이상 채무를 90일 이상 연체하면 신용불량자로 등록된다.

부동산
이동이 불가능한 재산으로, 일반적으로 토지와 토지 위에 정착된 건물을 포함하며, 법률적으로도 이를 하나의 주요 재산 유형으로 취급한다.

동산
부동산이 건물이나 토지와 같은 고정된 재산인 것과 달리, 물리적으로 이동이 가능한 재산을 의미한다. 대표적으로 현금, 보석, 물건 등이 이에 해당한다.

예대마진
(Loan-deposit margin)
예대마진은 은행의 주된 수익원 중 하나로, 예금금리와 대출금리의 차이를 의미한다. 간단히 말해, 은행이 예금을 받을 때 지급하는 금리와 대출을 제공할 때 부과하는 금리 간의 차이에서 발생하는 이익이다.

레버리지
(Leverage)
금융과 경제 분야에서 더 큰 이익을 얻기 위해 자산을 사용하는 전략을 의미한다. 타인의 자금이나 대출 자금을 활용하여 투자나 사업을 확장함으로써 더 높은 수익을 추구하는 방식을 말한다.

에쿼티
(Equity)
경제 및 금융 분야에서 다양한 의미로 사용되는 용어로, 기본적으로 총자산에서 대출받은 금액을 제외한 나머지 자산인 순자산을 의미한다. 부동산을 예로 들자면, 부동산의 현재 시장 가치에서 부동산 대출금 잔액을 뺀 금액이 에쿼티가 된다.

임의경매
채무자의 채무불이행 시 채권자가 담보로 설정된 재산(부동산)에 설정한 담보권을 실행하여 자신의 채권을 회수하는 법적 경매 절차를 의미한다.

경락잔금대출
법원 경매나 공매를 통해 부동산을 낙찰받은 후, 잔금을 지급하기 위해 신청하는 대출 상품이다. 경매로 낙찰받은 부동산의 소유권을 확보하려면 일정 기간 내에 잔금을 납부해야 하는데, 이때 필요한 자금을 마련하기 위해 경락잔금대출을 이용한다.

대손충당금
(Allowance for bad debts)

은행이 돈을 빌려준 뒤 회수가 불가능할 것으로 예상되는 금액에 대비하기 위해 설정하는 회계적 준비금이다.

신용
(Credit)

금융 관점에서의 신용은 돈이나 상품을 현재 제공하고, 이후 상환을 약속받는 경제적 거래의 신뢰를 의미한다.

개인신용등급

금융기관이 개인의 신용도를 평가하기 위해 사용하는 척도로, 개인이 얼마나 신용을 잘 관리하고 상환 능력이 있는지를 수치화하거나 등급화한 것이다. 신용등급은 대출이나 신용카드 발급, 금리와 한도 설정 등 다양한 금융 활동에 중요한 역할을 한다.

채권
(Bond)

정부, 공공기관, 기업 등 발행 주체가 자금을 조달하기 위해 투자자들에게 발행하는 고정 수익 증권으로, 채권 발행자는 투자자로부터 자금을 빌리며, 특정 기간 이자를 지급하고 만기 시 원금을 상환하겠다고 약속한다.

PART 05

시뇨리지
(Seigniorage, 주조이익)

중앙은행이 화폐를 발행함으로써 얻는 경제적 이익을 의미한다. 이는 발행된 화폐의 명목 가치와 그 화폐를 제작하는 데 들어간 비용 간의 차이에 의해 발생한다. 예를 들어, 10,000원짜리 지폐를 발행하는 데 드는 비용이 500원이라면, 중앙은행은 이 화폐를 발행함으로써 9,500원의 주조이익을 얻게 되는 것이다.

디지털화폐
(Digital currency)

물리적인 형태의 화폐가 아니라 전자적으로 존재하며 디지털 방식으로 사용되는 화폐를 말한다. 이는 컴퓨터 네트워크나 인터넷을 통해 거래되고, 저장되며, 전송된다. 디지털화폐는 전자화폐(Electronic currency), 가상화폐(Virtual currency), 암호화폐(Cryptocurrency) 등을 포함한다.

블록체인
(Blockchain)

디지털 데이터를 안전하게 기록하고 거래를 보증하기 위해 설계된 분산형 데이터 저장 기술이다. 이 기술은 중앙기관 없이도 데이터를 신뢰성 있게 관리할 수 있도록 만들어졌다.

핀테크
(FinTech)

Finance(금융)와 Technology(기술)의 합성어로, 예금, 대출, 자산 관리, 결제, 송금 등 다양한 금융 서비스가 IT 기술과 결합된 혁신적인 산업을 말한다. 핀테크는 전통적인 금융 서비스에 첨단 기술을 도입하여 더 효율적이고 편리한 솔루션을 제공한다.

PART 06

국채
(Government bond)

정부가 자금을 조달하기 위해 발행하는 채권으로, 쉽게 말해, 정부가 돈을 빌리기 위해 발행하는 차용증서와 같은 것을 말한다. 주요 용도는 재정 적자 보전, 공공사업 투자, 경기 부양 등이다. 만기와 이자율에 따라 다양한 종류가 있으며, 일반적으로 신용도가 높아 안전한 투자처로 평가된다. 하지만 과도한 국채 발행은 국가 부채 증가로 이어질 수 있다.

소유효과
(Endowment effect)

사람들이 어떤 물건이나 자산을 소유한 경우, 그것을 소유하지 않았을 때보다 더 높은 가치를 부여하는 심리적 현상을 말한다. 쉽게 말해, '내 것이 되면 더 소중하게 느껴진다'는 것이다.

우리사주
(Employee Stock Ownership Plan, ESOP)

회사의 임직원들이 자사 주식을 소유하도록 하는 제도이다. 회사가 임직원들에게 주식을 제공하거나 구매를 장려해, 직원들이 기업의 성과에 직접 참여하고 이익을 공유할 수 있게 하는 것이다.

손실회피
(Loss aversion)

이익보다 손실에 더 민감하게 반응하는 경향을 말한다. 다시 말해, 동일한 금액이라도 이익에서 얻는 기쁨보다 손실에서 느끼는 고통이 더 크다는 것을 나타낸다.

자기과신
(Overconfidence)

경제학과 행동경제학에서 자주 언급되는 개념으로, 사람들이 자신의 능력, 지식, 판단력 등을 실제보다 과대평가하는 경향을 말한다. 이는 의사결정 과정에서 과도한 확신을 가지고 행동하며, 종종 비합리적인 결과를 초래하기도 한다.

기타

NFT
(Non-Fungible Token)

블록체인 기술을 활용해 디지털 자산의 소유권을 증명하는 토큰이다. 예술품, 음악, 게임 아이템 등 다양한 디지털 콘텐츠에 적용되며, 각각의 NFT는 고유성을 가지므로 동일한 가치를 지닌 다른 자산으로 대체될 수 없다.

가산금리
(Spread)

기준금리에 더해지는 위험가중 금리를 말한다. 주로 대출이나 채권 금리를 정할 때 적용되며, 차주의 신용도, 시장 위험, 자금 조달 비용 등에 따라 결정된다. 신용도가 높아 위험이 적으면 가산금리가 낮아지고, 반대로 신용도가 낮아 위험이 많으면 가산금리는 높아진다.

가상화폐
(Virtual currency)

중앙은행이나 정부의 개입 없이 디지털 환경에서 사용되는 화폐로, 게임머니나 특정 플랫폼 내에서만 통용되는 경우가 많다.

갭투자

전세가와 매매가 차이가 적은 부동산을 전세를 끼고 매입하는 투자 방식이다. 적은 자본으로 부동산을 소유할 수 있지만, 집값 하락 시 손실 위험이 크고, 전세보증금 반환 문제가 발생할 수 있다.

경기
(Economy)

한 국가 또는 지역의 경제 활동 수준을 나타내는 개념으로, 생산, 소비, 투자, 고용 등의 변화를 포함한다. 경기는 호황과 불황을 반복하며 GDP, 실업률, 물가상승률 등의 지표로 측정된다. 경기가 좋다는 것은 생산, 소비, 투자 등의 경제 활동이 평균 수준 이상으로 활발한 경우를 의미한다.

경상수지
(Current account balance)

한 나라의 대외 경제 거래에서 상품, 서비스, 소득, 이전소득을 포함한 수출입 차이를 나타내는 지표다. 무역수지, 서비스수지, 본원소득수지, 이전소득수지로 구성되며, 흑자는 외화 유입이 많음을, 적자는 유출이 많음을 의미한다.

경제성장률
(Economic growth rate)

일정 기간 한 국가의 경제 규모가 얼마나 성장했는지를 나타내는 지표로, 보통 국내총생산(GDP)의 증가율로 측정된다. 경제성장률이 높으면 생산과 소비가 활발하고, 고용이 증가하며, 국민소득이 상승할 가능성이 크다. 반대로 성장률이 낮거나 마이너스이면 경기 침체를 의미할 수 있다.

고정금리/변동금리

고정금리는 대출 또는 금융상품의 금리가 일정 기간 변하지 않는 금리이다. 시장금리 변동과 상관없이 동일한 금리를 적용받기 때문에 예측 가능성이 높아 안정적인 자금 계획이 가능하다. 반면, 변동금리는 일정 주기마다 시장금리에 따라 변동하는 금리로, 기준금리와 연동되어 상승하거나 하락할 수 있다. 초기에는 고정금리보다 낮을 수 있지만, 금리가 상승하면 상환 부담이 커질 위험이 있다.

공매도
(Short stock selling)

주식을 보유하지 않은 상태에서 빌려서 판 뒤, 나중에 싼 가격에 되사서 차익을 얻는 투자 기법이다. 투자자는 증권사 등에서 주식을 빌려 현재 가격에 매도하고, 이후 주가가 하락하면 낮은 가격에 다시 매수해 빌린 주식을 갚는다. 이를 통해 차익을 실현하지만, 주가가 오르면 손실을 보게 된다.

국가신용등급
(Sovereign credit rating)

국제 신용평가사가 국가의 부채 상환 능력과 경제 안정성을 평가하여 부여하는 등급이다. 투자자들에게 해당 국가의 채권 투자 위험도를 알려 주며, 신용등급이 높을수록 낮은 금리로 자금을 조달할 수 있다.

국내총생산
(Gross Domestic Product, GDP)

일정 기간 한 국가에서 생산된 모든 재화와 서비스의 시장 가치를 합산한 경제 지표로, 한 나라의 경제 규모와 성장률을 측정하는 데 활용된다. GDP가 증가하면 경제가 성장하고 고용과 소득이 늘어날 가능성이 크지만, 감소하면 경기 침체로 이어질 수 있다.

국민소득

한 국가의 국민이 일정 기간 생산 활동을 통해 벌어들인 소득의 총합을 의미한다. 일반적으로 국내총생산(GDP)에서 해외로 유출된 소득을 빼고, 해외에서 벌어들인 소득을 더한 국민총소득(GNI)으로 측정된다. 국민소득은 국민 생활 수준과 경제 발전 정도를 평가하는 지표로 사용된다.

금리인하요구권

대출을 받은 사람이 신용도가 개선되었을 때 금융기관에 금리 인하를 요청할 수 있는 권리다. 직장 변경, 소득 증가, 신용등급 상승 등의 사유가 있을 경우 신청할 수 있으며, 금융기관의 심사를 거쳐 금리가 조정될 수 있다.

금융채

은행이나 금융회사가 자금 조달을 목적으로 발행하는 채권이다. 주로 예금보다 높은 금리를 제공하며, 금융기관의 신용도에 따라 투자 위험이 결정된다. 대표적인 금융채로는 은행채, 특수채, 신용카드채 등이 있으며, 금융사의 대출 재원 확보 및 유동성 관리를 위해 활용된다.

단리/복리
(Simple interest/Compound interest)

단리는 이자가 원금에 대해서만 계산되는 방식으로, 이자는 일정하며 시간이 갈수록 이자 총액이 변하지 않는다. 복리는 이자가 원금뿐만 아니라 그동안 발생한 이자에도 붙는 방식으로, 이자가 점차 늘어난다. 복리는 장기 투자에 유리하다.

담보대출

부동산, 예금, 주식 등의 자산을 담보로 제공하고 받는 대출이다. 금융기관은 담보를 기반으로 대출 한도와 금리를 결정하며, 채무자가 대출을 상환하지 못할 경우 담보를 처분하여 대출금을 회수할 수 있다.

빅맥지수
(Big Mac Index)

각국에서 판매되는 빅맥 햄버거의 가격을 기준으로 환율이 적정한지 평가하는 경제 지표이다. 이를 통해 각국 통화의 구매력 차이를 비교할 수 있다.

상업은행
(Commercial bank)

개인과 기업을 대상으로 예금, 대출, 지급결제 등의 금융 서비스를 제공하는 은행이다. 고객의 예금을 기반으로 대출을 실행하고, 일반적인 금융 거래를 지원한다. 중앙은행과 함께 금융 시스템의 핵심 역할을 한다.

선물거래
(Futures trading)

특정 자산을 미래의 일정 시점에 미리 정해진 가격으로 사거나 팔기로 약정하는 거래다. 주식, 원자재, 통화 등 다양한 자산을 대상으로 하며, 가격 변동에 따른 차익을 추구한다. 투자자는 실제 자산을 소유하지 않고, 만기일에 계약을 이행하거나 청산하여 이익을 실현한다.

스톡옵션
(Stock option)

회사가 임직원에게 일정 기간 후에 미리 정해진 가격으로 자사의 주식을 구매할 수 있는 권리를 부여하는 제도다. 주로 임직원의 동기 부여와 장기적인 회사 성장에 기여하도록 유도하는 수단으로 사용되며, 이를 통해 직원은 주식 가격 상승 시 이익을 얻을 수 있다.

신용대출

담보 없이 개인의 신용도를 기준으로 이루어지는 대출이다. 대출 한도와 금리는 채무자의 소득, 직장, 신용등급 등에 따라 결정되며, 담보대출보다 금리가 높은 편이다. 신용도가 낮거나 연체가 발생할 경우 대출이 어렵거나 금리가 상승할 수 있다.

암호화폐
(Cryptocurrency)

블록체인 기술을 기반으로 분산형 네트워크에서 운영되는 디지털 자산으로, 비트코인, 이더리움 등이 대표적이다. 거래의 익명성과 보안성이 특징이다.

어음
(Promissory note)

발행하는 사람이 일정한 금전의 지급을 약속하며 발행하는 일종의 지급보증서를 말한다.

전자화폐
(Electronic money)

온라인 또는 전자적 형태로 저장·이용되는 화폐로, 신용카드, 선불카드, 모바일 결제 등이 포함된다. 국가가 발행하며 실물 화폐와 1:1로 교환 가능하다.

채굴
(Mining)

블록체인 네트워크에서 거래를 검증하고 새로운 블록을 생성하는 과정으로, 주로 암호화폐 시스템에서 사용된다. 채굴자는 복잡한 연산 작업을 수행하여 거래를 기록하고, 그 대가로 암호화폐를 보상으로 받는다.

통화 정책

중앙은행이 경제 안정과 성장 목표를 달성하기 위해 통화 공급량과 금리를 조정하는 정책이다. 금리를 인상하면 경기를 진정시키고, 금리를 인하하면 경기를 부양할 수 있다. 통화 정책은 경제 전반의 물가 안정과 고용 촉진을 목표로 한다.

투자은행
(Investment bank)

기업 인수·합병(M&A), 기업공개(IPO), 채권 발행, 자산 운용 등의 금융 서비스를 제공하는 기관이다. 일반 은행과 달리 예금 업무보다 대규모 금융 거래와 자문에 집중하며, 금융 시장에서 중요한 역할을 한다.

펀드
(Fund)

여러 투자자의 자금을 모아 자산운용사가 다양한 자산에 투자한 후, 실적에 따라 투자자에게 되돌려주는 금융상품이다. 주식, 채권, 부동산 등 다양한 자산에 분산 투자하여 리스크를 줄이고 장기적인 수익을 추구하는 방식이다.

헤지펀드
(Hedge fund)

높은 수익을 추구하며, 다양한 투자 전략을 사용하는 전문적인 투자펀드다. 주식, 채권, 파생상품 등 여러 자산에 투자하고, 시장의 하락에서도 이익을 낼 수 있는 전략을 사용한다. 일반적으로 높은 리스크와 수수료가 있으며, 최소 투자 금액이 크고 개인 투자자에게는 접근이 제한적이다.

현물거래
(Spot trading)

자산을 즉시 거래하고 실제로 전달되는 거래 방식이다. 주식, 원자재, 외환 등 다양한 자산이 거래 대상이 되며, 거래가 이루어진 시점에서 자산이 즉시 인도된다. 주로 실제 상품을 구매하거나 판매하는 데 사용되며, 선물거래와 달리 만기일이 없다.

미치도록 보고 싶었던
돈의 얼굴

1판 1쇄 2025년 7월 5일
1판 3쇄 2025년 7월 31일

저　　자 | EBS 돈의 얼굴 제작진, 조현영
감　　수 | 최상엽
발 행 인 | 김길수
발 행 처 | (주)영진닷컴
주　　소 | 서울특별시 금천구 디지털로9길 32
갑을그레이트밸리 B동 10F (우)08512
등　　록 | 2007. 4. 27. 제16-4189호

ISBN 978-89-314-7986-7

파본이나 잘못된 도서는
구입하신 곳에서 교환해 드립니다.

YoungJin.com Y.
영진닷컴